五年制高等职业教育公共基础课程改革规划教材

语文

主　审　贺志强　刘晓林

主　编　鞠桂芹　赵建磊　王沐智　于彩芹

第三册

山东人民出版社

国家一级出版社　全国百佳图书出版单位

编委会成员名单

目录

Chapter ONE

第一单元 个性天空

　　人们常说"文如其人"或"字如其人""诗如其人",意谓文章、书法和诗词等艺术作品能反映出作者的个性。

　　"个性"同外貌、声音等一样,是区别于他人的典型特征之一。个性贯穿于人的一生,也影响着人的一生。个性倾向中所包含的需要、动机和理想、信念、世界观,指引着人生的方向与道路;个性特征中所包含的气质、性格、兴趣和能力,影响着人生事业的选择与发展,决定着人生的成败与幸福。

　　一般来说,鲜明、独特、阳光的个性容易给人以深刻的印象,而平庸、寡淡、消极的个性则很难得到他人或社会的认同。

　　生活如此多彩,希望同学们充分认识本单元人物个性的多样性和丰富性,感受多彩的现实人生,在学习和生活中既能保持自己与群体的同一性,又能在沉静的思考与实践历练中,塑造一个个性鲜明、阳光向上的"我"!

将进酒 ｜ 李 白

◎ 小试牛刀

填字游戏

中文填字游戏是一种汉字小游戏,在一片纵横相交的格子里,根据出题者片言只语的提示,以及词条相交处的一个或几个"关键字",猜出正确的词条。填入的内容可为人名、书名、成语等。

一1			4		二			9	
		三		6		四8			
				五					
六						七			
			八		7				
九	3				十		10		
			5						
	十一2					十二			
十三			十四						

横 向

一、杨玄执导,刘恺威、颖儿等主演的电视剧;二、云南著名景观,世界自然遗产;三、巴金的文章;四、杨贵妃本名;五、民间音乐;六、出自岳飞庙内岳飞草书的巨匾;七、北京地名,琼瑶据此创作了《还珠格格》;八、战国时赵国上卿,其生平事迹有完璧归赵、渑池之会与负荆请罪;九、成语"善者不来"的上一句;十、现存较早的一部象棋古谱;十一、《百家姓》的首句;十二、2011 年湖南卫视《快乐女声》全国第四名;十三、花名;十四、著名京剧表演大师,代表剧目有《贵妃醉酒》《游园惊梦》等。

纵　向

1. 出自唐代诗人李白的古体诗《将进酒》，上一句是"天生我材必有用"；2. 著名影视女演员，代表作品有《还珠格格》《京华烟云》《花木兰》等；3. 2009 年央视春晚赵本山表演的小品；4.《水浒传》故事；5. 1981 年上映的由肖桂云执导，王晓巍、王艳春等主演的电影；6. 成语，出征可为将帅，入朝可为丞相，指兼有文武才能的人；7. 词牌名，李清照、苏轼、秦观、李存勖等都填过此词牌的词；8. 杨继业，北宋名将；9.《红楼梦》人物，金陵十二钗之一；10. 成语，形容智谋无穷，不可测度。

◎ 开心一刻

李白题诗取名字

唐朝天宝年间，诗仙李白被玄宗召入京城做了供奉翰林。

开始，他十分得意，很想有所作为。但这时正是玄宗当政后期，政治日趋腐败黑暗，根本就不可能给李白施展才能的机会。李白便日夜饮酒解忧。

一天，李白刚饮罢酒，醉醺醺地回到住处。一个名叫李谟的学士抱着一个刚满月的孩子，来到了李白的住处，兴高采烈地对他说："李翰林，看看我的小外孙，您学识渊博，请给孩子起个名字吧！"

李白醉眼蒙胧地看了看李谟的小外孙，便拿起笔来写了 20 个字："树下彼何人，不语真吾好。语若及日中，烟霏谢成宝。"

李谟一看，心想，李白真喝醉了，让他起名字，他却写了一首诗，不明白是什么意思，便告辞说："您喝醉了，先休息吧！"就很不高兴地抱着外孙走了。

李谟回到家中，把这个事情给家人说了，刚好一个举人在家做客，他对李谟说："李太白的这几句诗里大有文章呢。'树下''人'是'木''子'，即'李'也。'不语'是'莫''言'，即'谟'也。'好'是'女''子'，女之子，'外孙'也。'语及日中'是谈到中午，即'言''午'，'许'字也。'烟霏谢成宝'，'烟霏'是'云'，'成宝'即'封'字，乃'云封'也。这四句诗联起来，即'李谟外孙许云封'也。"

李谟一听，才知这是首诗谜，对"许云封"这个名字很满意，李谟的外孙就一直用着这个名字。

你还知道李白的其他故事吗？

◎ 选 文

君不见,黄河之水天上来,奔流到海不复回。

君不见,高堂①明镜悲白发②,朝如青丝暮成雪③。

人生得意④须尽欢,莫使金樽空对月。

天生我材必有用,千金散尽还复来。

烹羊宰牛且为乐,会须⑤一饮三百杯。

岑夫子,丹丘生⑥,将进酒,杯莫停。

与君歌一曲,请君为我倾耳听。

钟鼓馔玉⑦不足贵,但愿长醉不复醒。

古来圣贤皆寂寞,惟有饮者留其名。

陈王昔时宴平乐⑧,斗酒十千恣欢谑⑨。

主人何为言少钱,径须⑩沽取对君酌。

五花马,千金裘⑪,呼儿将出⑫换美酒,与尔同销万古愁⑬。

(选自《全唐诗》卷一七,上海古籍出版社 1986 年影印版)

注 释

①高堂:父母。

②悲白发:为鬓发斑白而伤感。

③朝如青丝暮成雪:形容时光匆促,人生短暂。青丝,黑色的头发。暮成雪,到晚上黑发变白。

④得意:指心情愉快,有兴致。

⑤会须:该当,应该。

⑥岑夫子,丹丘生:李白的朋友岑勋、元丹丘。

⑦钟鼓馔玉:代指富贵利禄。钟鼓,古时豪贵之家宴饮以钟鼓伴奏。馔玉,形容食物珍美如玉。

⑧陈王昔时宴平乐:陈王,指三国时魏诗人曹植(192—232),封陈王。宴平乐,在洛阳的平乐观宴饮。

⑨斗酒十千恣欢谑:斗酒十千,一斗酒值十千钱,指酒美价昂。曹植《名都篇》:"归来宴平乐,美酒斗十千"。斗,盛酒器,有柄。恣欢谑,尽情寻欢作乐。谑,喜乐。

⑩径须:只管。

⑪五花马,千金裘:名贵的马和皮衣。五花马,指名贵的马。千金裘,名贵的皮衣。

⑫将出:拿出。

⑬万古愁:绵绵不尽的愁。

◎ 学习活动

一、填一填

1. 李白(701—762),字太白,号(　　　　),唐代伟大的浪漫主义诗人,在中国历史上,被称为(　　　　)。其诗风雄奇豪放,想象丰富,语言流转自然,音律和谐多变。他善于从民歌、神话中汲取营养,构成其特有的瑰丽绚烂的色彩,是屈原以来积极(　　　　)诗歌的新高峰。与杜甫并称(　　　　)。李白生活在唐代极盛时期,大量诗篇既反映了那个时代的繁荣气象,也揭露和批判了统治集团的荒淫和腐败,表现出(　　　　),反抗传统束缚,(　　　　)和理想的积极精神。存诗900 余首,有《李太白集》。

2. 诗作开头"君不见"三个字,常见于乐府诗的开头和(　　　　),以呼告的语气引起读者注意,抒发作者强烈的感情。

3. 诗人以(　　　　　　　)一句起兴,以(　　　　　　　)和(　　　　　　　),比喻人生易老,年华易逝;同时,以黄河的伟大永恒来反衬生命的渺小脆弱。

4. 这首诗统摄全篇的主旨句是(　　　　　　　)。全诗紧紧围绕一个(　　　)字,感情跌宕起伏:(　　　　)——欢乐——(　　　　)——狂放,而这所有的情感又都是基于一个"(　　　　)"字,作者因(　　　)而悲叹时光易逝,因(　　　)而纵酒作乐,因(　　　)而慷慨愤激,也因(　　　)而狂放失态。

二、想一想

1. 从哪些诗句可揣摩出此诗写于诗人被放逐的时候?

2. "人生得意须尽欢,莫使金樽空对月"与上下文有什么联系?

3. 诗人为什么"但愿长醉不复醒"?

4. 诗中哪些词语让你感受到诗人狂放的感情?

三、品一品

1. 诗中运用夸张手法的语句有哪些？以其中一句为例作简单分析。

2. 比较"钟鼓馔玉不足贵,但愿长醉不复醒"与"安能摧眉折腰事权贵,使我不得开心颜"两句中诗人寄寓的情感。

3. 诗人为何说到"古来圣贤皆寂寞,惟有饮者留其名"时,单举曹植为例——"陈王昔时宴平乐,斗酒十千恣欢谑"？

四、背一背

1. 反复诵读这首《将进酒》,能够熟练背诵并正确默写。

2. 反复诵读李白的下列诗作,能够理解诗意并熟练背诵。

送友人

青山横北郭,白水绕东城。

此地一为别,孤蓬万里征。

浮云游子意,落日故人情。

挥手自兹去,萧萧班马鸣。

行路难(其一)

金樽清酒斗十千,玉盘珍馐直万钱。

停杯投箸不能食,拔剑四顾心茫然。

欲渡黄河冰塞川,将登太行雪满山。

闲来垂钓碧溪上,忽复乘舟梦日边。

行路难! 行路难! 多歧路,今安在?

长风破浪会有时,直挂云帆济沧海。

宣州谢朓楼饯别校书叔云

弃我去者,昨日之日不可留;

乱我心者,今日之日多烦忧。

长风万里送秋雁,对此可以酣高楼。

蓬莱文章建安骨,中间小谢又清发。

俱怀逸兴壮思飞,欲上青天揽明月。

抽刀断水水更流,举杯消愁愁更愁。

人生在世不称意,明朝散发弄扁舟。

月下独酌(其一)

花间一壶酒,独酌无相亲。

举杯邀明月,对影成三人。

月既不解饮,影徒随我身。

暂伴月将影,行乐须及春。

我歌月徘徊,我舞影零乱。

醒时同交欢,醉后各分散。

永结无情游,相期邈云汉。

自 嘲 ｜ 鲁 迅

◎ **小试牛刀**

《呐喊》《彷徨》是鲁迅的两部小说集,收录了25篇小说作品。同学们,巧记这25篇小说,我们可以把这些小说篇目编成两段短文。你能将小说名编成文章吗?试试吧!

《呐喊》收入了作者1918—1922年间创作的14篇小说:《狂人日记》《孔乙己》《药》《明天》《一件小事》《头发的故事》《风波》《故乡》《阿Q正传》《端午节》《白光》《兔和猫》《鸭的喜剧》《社戏》。

《彷徨》收入了作者1924—1925年创作的11篇小说:《祝福》《在酒楼上》《幸福的家庭》《肥皂》《长明灯》《示众》《高老夫子》《孤独者》《伤逝》《弟兄》《离婚》。

◎ **开心一刻**

鲁迅理发

在厦门大学教书时,鲁迅先生曾到一家理发店理发。

理发师不认识鲁迅,见他衣着简朴,心想他肯定没几个钱,理发时就一点也不认真。对此,鲁迅先生不仅不生气,反而在理发后极随意地掏出一大把钱给理发师——远远超出了应付的钱。理发师大喜,脸上立刻堆满了笑。

过了一段日子,鲁迅又去理发,理发师见状大喜,立即拿出全部看家本领,满脸写着谦恭,"慢工出细活"地理发。不料理毕,鲁迅并没有再显豪爽,而是掏出钱来一个一个地数给理发师,一个子儿也没多给。理发师大惑:"先生,您上回那样给,今天怎么这样给?"鲁迅笑笑:"您上回马马虎虎地理,我就马马虎虎地给;这回您认认真真地理,我就认认真真地给。"理发师听了大窘。

你还知道鲁迅先生的其他故事吗?

选文

运交华盖①欲何求，未敢翻身已碰头。

破帽遮颜过闹市，漏船载酒②泛中流③。

横眉④冷对千夫指，俯首甘为孺子牛⑤。

躲进小楼成一统⑥，管他冬夏与春秋⑦。

（选自《鲁迅全集》第七卷，人民文学出版社 1981 年版）

注　释

①华盖：星座名，共十六星。旧时迷信，以为人的命运中犯了华盖星，运气就不好。

②漏船载酒：出自《晋书·毕卓传》。"卓尝谓人曰：得酒满数百斛（hú）船……拍浮酒船中，便足了一生矣。"

③中流：河中。

④横眉：怒目而视的样子，表示愤恨和轻蔑。

⑤孺子牛：春秋时齐景公和儿子嬉戏，装牛趴在地上，让儿子骑在背上。这里表面意思是说鲁迅把希望寄托在小孩子身上，实际喻指为人民大众服务。孺子，小孩子。

⑥成一统：意思是说，我躲进小楼，有个一统的小天下。

⑦管他冬夏与春秋：不管外在的气候、环境有怎样的变化。

学习活动

一、填一填

1. 鲁迅（1881—1936），原名周樟寿，字豫才，后改名周树人，浙江绍兴人。"鲁迅"是他 1918 年发表中国新文学史上第一篇白话小说（《　　　》）时所用的笔名。代表作有小说集（《　　　》）（《　　　》）《故事新编》，散文集（《　　　》），文学论著《中国小说史略》，散文诗集（《　　　》），杂文集《坟》《热风》《华盖集》等18 部。（　　　）曾评价他："鲁迅是中国文化革命的主将，他不但是伟大的文学家，而且是伟大的思想家和伟大的革命家。"

2.《自嘲》是鲁迅于 1932 年所作的一首七言律诗。七律，古代格律诗，每首八句,每句七字,偶数句押韵,三、四两句,五、六两句对偶。每两句为一联,分别为:首联、颔联、颈联、尾联。这首诗的首联写当时作者所处的险恶处境;颔联写
(   );颈联写他坚持斗争的内在动力,即强烈的爱和憎;尾联写(   )。全诗内在逻辑性强,文字风趣,内容庄肃。

二、读一读

找出诗中押韵的句子,注意节奏与韵律,有感情地熟读,并概括诗的主要内容。

三、说一说

1. 找出本诗可作为"诗眼"的句子,并谈一下自己对句子的理解。
2. 题目"自嘲"是嘲弄自己吗? 说说你的理解。
3. 诗中运用了三个典故,请找出来,并说出每句诗的大致意思。

四、背一背

理解并背诵本诗。

五、赏一赏

熟读鲁迅的下列几首小诗,理解大意,并自选两首背诵。

自题小像

灵台无计逃神矢,风雨如磐暗故园。
寄意寒星荃不察,我以我血荐轩辕。

答客诮

无情未必真豪杰,怜子如何不丈夫。
知否兴风狂啸者,回眸时看小於菟?

无题(其一)

万家墨面没蒿莱,敢有歌吟动地哀。
心事浩茫连广宇,于无声处听惊雷。

我的空中楼阁 | 李乐薇

◎ 小试牛刀

请对下面李雪健的这句话作简要评析。（50 字左右）

著名电影演员李雪健因成功扮演焦裕禄而荣获"百花奖"最佳男主角奖。在颁奖仪式上他说了这么一句话：所有的苦和累都让焦裕禄受了，所有的荣誉都让一个傻小子得了。

◎ 开心一刻

以"短"成名

短信：一位大学生，在校花销吃紧，写信向在乡下种地的父亲要钱。信只有三个字："爸：钱。儿。"

短社论：1966 年 4 月，美国《星晚报》刊登了一篇评约翰逊竞选总统失败的社论《约翰逊承认失败》。有趣的是，整篇社论只有一句话："好极了！"

短诗：有一首题为《生活》的诗，通篇只有一个字："网。"

短影评：奥地利的《快报》曾发表过一位影评家评论美国影片《戴斯蒙医生的13 个牺牲品》的影评，全文是："我是第 14 个。"

短判词：古时有一妇女丧夫之后想改嫁，其公公竭力阻拦，该妇女向县官递一诉状："夫死，无嗣，翁鳏，叔壮。"县官接状核实后，写下只有一个字的判决书："嫁。"

你知道世界上最短的书评、墓志铭、童话、诗歌、科幻小说是什么内容吗？

◎ 选文

山如眉黛①，小屋恰似眉梢的痣一点。

十分清新、十分自然,我的小屋玲珑地立于山脊一个柔和的角度上。

世界上有很多已经很美的东西,还需要一些点缀,山也是。小屋的出现,点破了山的寂寞,增加了风景的内容。山上有了小屋,好比一望无际的水面飘过一片风帆,辽阔无边的天空掠过一只飞雁,是单纯的底色上一点灵动的色彩,是山川美景中的一点生气,一点情调。

小屋点缀了山,什么来点缀小屋呢? 那是树!

山上有一片纯绿色的无花树;花是美丽的,树的美丽也不逊于花。花好比人的面庞,树好比人的姿态。树的美在于姿势的清健或挺拔,苗条或婀娜,在于活力,在于精神!

有了这许多树,小屋就有了许多特点。树总是轻轻摇动着。树的动,显出小屋的静;树的高大,显出小屋的小巧;而小屋别致出色,乃是由于满山皆树,为小屋布置了一个美妙的绿的背景。

小屋后面有一棵高过屋顶的大树,细而密的枝叶伸展在小屋的上面,美而浓的树荫把小屋笼罩起来。这棵树使小屋给予人另一种印象,使小屋显得含蓄而有风度。

换个角度,近看改为远观,小屋却又变换位置,出现在另一些树的上面,这个角度是远远地站在山下看。首先看到的是小屋前面的树,那些树把小屋遮掩了,只在树与树之间露出一些建筑的线条,一角活泼翘起的屋檐,一排整齐的图案式的屋瓦。一片蓝,那是墙;一片白,那是窗。我的小屋在树与树之间若隐若现,凌空而起,姿态翩然。本质上,它是一幢房屋;形式上,却像鸟一样,蝶一样,憩于枝头,轻灵而自由!

小屋之小,是受了土地的限制。论"领土",只有有限的一点。在有限的土地上,房屋比土地小,花园比房屋小,花园中的路又比花园小,这条小路是我袖珍型的花园大道。和"领土"相对的是"领空",论"领空"却又是无限的,足以举目千里,足以俯仰天地,左顾有山外青山,右盼有绿野阡陌。适于心灵散步,眼睛旅行,也就是古人说的游目骋怀。这个无限的"领空",是我开放性的院子。

有形的围墙围住一些花,有紫藤、月季、喇叭花、圣诞红之类。天地相连的那一道弧线,是另一重无形的围墙,也围住一些花,那些花有朵状,有片状,有红,有白,有绚烂,也有飘落。也许那是上帝玩赏的牡丹或芍药,我们叫它云或霞。

空气在山上特别清新,清新的空气使我觉得呼吸的是香!

光线以明亮为好,小屋的光线是明亮的,因为屋虽小,窗很多。例外的只有破晓或入暮,那时山上只有一片微光,一片柔静,一片宁谧②。小屋在山的怀抱中,犹如在花蕊中一般,慢慢地花蕊绽开了一些,好像层山后退了一些。山是不动的,那是光线加强了,是早晨来到了山中。当花瓣微微收拢,那就是夜晚来临了。小屋的光线既高于科学的时间性,也高于浪漫的文学性。

山上的环境是独立的,安静的。身在小屋享受着人间的清福,享受着充足的睡眠,以及一天一个美梦。

出入的环境要道,是一条类似苏花公路③的山路,一边傍山,一边面临稻浪起伏的绿海和那高高的山坡。山路和山坡不便于行车,然而便于我行走。我出外,小屋是我快乐的起点;我归来,小屋是我幸福的终站。往返于快乐与幸福之间,哪儿还有不好走的路呢? 我只觉得出外时身轻如飞,山路自动地后退;归来时带几分雀跃的心情,一跳一跳就跳过了那些山坡。我替山坡起了个名字,叫幸福的阶梯,山路被我唤做空中走廊!

我把一切应用的东西当做艺术,我在生活中的第一件艺术品——就是小屋。白天它是清晰的,夜晚它是朦胧的。每个夜幕深重的晚上,山下亮起灿烂的万家灯火,山上闪出疏落的灯光。山下的灯把黑暗照亮了,山上的灯把黑暗照淡了,淡如烟,淡如雾,山也虚无,树也缥缈。小屋迷于雾失楼台④的情景中,它不再是清晰的小屋,而是烟雾之中、星点之下、月影之侧的空中楼阁!

这座空中楼阁占了地利,可以省去许多室内设计和其他的装饰。

虽不养鸟,每天早晨有鸟语盈耳。

无须挂画,门外有幅巨画——名叫自然。

(选自《中国现代文学大系·散文》,台湾巨人出版社 1972 年版)

注 释

①眉黛:古代女子用黛画眉,所以称眉为眉黛。黛,青黑色的颜料。

②谧(mì):安静。

③苏花公路:台湾东部苏澳至花莲的公路,沿途多悬崖陡壁,下临太平洋。

④雾失楼台:北宋词人秦观的《踏莎(suō)行》中有"雾失楼台,月迷津渡,桃源望断无处寻"之句。

◎ **学习活动**

一、填一填

1. 李乐薇,中国台湾当代(　　　　)作家,祖籍江苏省南京市,1930 年生,早年肄业于上海大夏大学。文笔清丽脱俗,语言优美动人,风格柔和、温婉、含蓄,刻意于意象的经营,善于运用物象幻化暗示出微妙的"自我的情绪",透露着浓郁的现代派艺术气息。著有《同窗集》《书呆子的智慧》等。《我的空中楼阁》是其代表作,表现了作者对(　　　　　　　　)生活的向往。

2. 在括号里填写正确的数量词:只在树与树之间露出一些建筑的线条,(　　　　　)活泼翘起的屋檐,(　　　　　　)整齐的图案式的屋瓦。(　　　　)蓝,那是墙;(　　　　)白,那是窗。

二、读一读

1. 正确读出下列加点词语的音和调。

眉黛(　　　　) 　　　山脊(　　　　) 　　　婀娜(　　　　)

一幢(　　　　) 　　　花蕊(　　　　) 　　　阡陌(　　　　)

2. 推荐自己最喜欢的段落,有感情地朗读并向同学说明喜欢的理由。

三、想一想

标题"我的空中楼阁"运用了什么修辞方法? 有几层含义? 其中寄托了作者怎样的思想感情?

四、品一品

结合上下文,按括号中的提示,品味下边的句子。

1. 这棵树使小屋给予人另一种印象,使小屋显得含蓄而有风度。(这里运用了什么修辞方法? 表达了作者怎样的思想感情?)

2. 论"领土",只有有限的一点……和领土相对的是"领空",论"领空"却又是无限的,足以举目千里,足以俯仰天地,左顾有山外青山,右盼有绿野阡陌。适于心灵散步,眼睛旅行,也就是古人说的游目骋怀。这个无限大的"领空",是我开放性的院子。(揣摩"领土""领空""有限""无限"以及"开放性的院子"等词语的深层意味。)

3. 有形的围墙围住一些花,有紫藤、月季、喇叭花、圣诞红之类。天地相连的那一道弧线,是另一重无形的围墙,也围住一些花,那些花有朵状,有片状,有红,有白,有绚烂,也有飘落。也许那是上帝玩赏的牡丹或芍药,我们叫它云或霞。(说说从什么联想到什么,二者之间有什么联系,这样写有什么作用。)

4. 空气在山上特别清新,清新的空气使我觉得呼吸的是香!(这里的"香"有什么含义? 这样写好在哪里?)

5. 小屋在山的怀抱中,犹如在花蕊中一般,慢慢地花蕊绽开了一些……(为什么说小屋"在花蕊中"?"绽开"表现的是一种什么情景?)

6. 无须挂画,门外有幅巨画——名叫自然。(这里的"自然"具有怎样的深刻含义?)

五、比一比

将本文与朱自清的《荷塘月色》作比较阅读,说说两文观察景物的角度有什么不同。

假如给我三天光明(节选) | [美]海伦·凯勒

◎ **小试牛刀**

仔细观察下列图片,猜成语,写在下面的横线上。

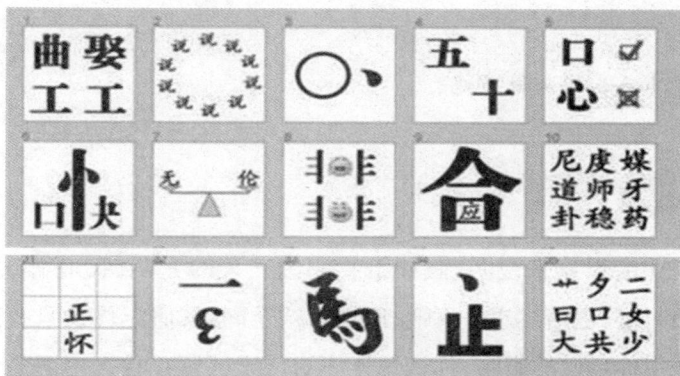

_____

_____

◎ **开心一刻**

急中生智反戈一击

(一)

一次,萧伯纳结识了一个肥头大耳的神父。神父仔细打量着瘦骨嶙峋的剧作家,揶揄地说道:"看着你的模样,真让人以为英国人都在挨饿。"

萧伯纳马上接过话说道:"但是,看看你的模样,人们一下子就清楚了,我们为什么都在挨饿!"

(二)

有一天,德国诗人歌德在魏玛公园散步。不料,在一条小道上遇到了一个对他怀有敌意、贬低他的作品的文艺批评家。真是冤家路窄,这条狭窄的过道,只能通过一个人。他们面对面地站着。那个批评家十分傲慢无理,他把头一昂,大声说:"我从不给傻子让路!""我正好相反。"歌德说完,微笑着马上站到了一边。

(三)

德国大诗人海涅是个犹太人,有一段时间,他在公共场合常遭到一些无耻之徒的侮辱和攻击。有一天,在一个晚会上,有个不怀好意的家伙对他说:"我发现了一个小岛,这个岛上竟然没有犹太人和驴子!"

海涅看了他一眼,不动声色地说:"看来,只有你我一起去那个岛上,才能弥补这个缺陷!"

你还知道其他类似的故事吗?

◎ 选文

也许我能凭借想象来说明,假如给我哪怕三天的光明,我最喜欢看到一些什么。在我想的时候,也请你想一下吧,请想想这个问题,假定你也只有三天光明,那么你会怎样使用你自己的眼睛,你最想让你的目光停留在什么上面呢? 自然,我将尽可能看看在我黑暗的岁月里令我珍惜的东西,你也想让你的目光停留在令你珍惜的东西上,以便在那即将到来的夜晚,将它们记住。

如果,由于某种奇迹,我可以睁眼看三天,紧跟着回到黑暗中去,我将会把这段时间分成三部分。

第一天

第一天,我要看人,他们的善良、温厚与友谊使我的生活值得一过。首先,我希望长久地凝视我亲爱的老师,安妮·莎莉文·梅西太太的面庞,当我还是个孩子的时候,她就来到了我面前,为我打开了外面的世界。我将不仅要看到她面庞的轮廓,以便我能够将它珍藏在我的记忆中,而且还要研究她的容貌,发现她出自同情心的温柔和耐心的生动迹象,她正是以此来完成教育我的艰巨任务的。我希望从她的眼睛里看到能使她在困难面前站得稳的坚强性格,并且看到她那经常向我流露的、对于全人类的同情。

我不知道什么是透过"灵魂之窗",即从眼睛看到朋友的内心。我只能用手指尖来"看"一个脸的轮廓。我能够发觉欢笑、悲哀和其他许多明显的情感。我是从感觉朋友的脸来认识他们的。但是,我不能靠触摸来真正描绘他们的个性。当然,通过其他方法,通过他们向我表达的思想,通过他们向我显示出的任何动作,我对他们的个性也有所了解。但是我却不能对他们有较深的理解,而那种理解,我相信,通过看见他们,通过观看他们对种种被表达的思想和境况的反应,通过注意他们的眼神和脸色的反应,是可以获得的。

我身旁的朋友,我了解得很清楚,因为经过长年累月,他们已经将自己的各个方面揭示给了我;然而,对于偶然的朋友,我只有一个不完全的印象。这个印象还是从一次握手中,从我通过手指尖理解他们的嘴唇发出的字句中,或从他们在我手掌的轻轻画写中获得来的。

你们有视觉的人,可以通过观察对方微妙的面部表情,肌肉的颤动,手势的摇摆,迅速领悟对方所表达的意思的实质,这该是多么容易,多么令人心满意足啊!但是,你们可曾想到用你们的视觉,抓住一个人面部的外表特征,来透视一个朋友或者熟人的内心吗?

我还想问你们:能准确地描绘出五位好朋友的面容吗?你们有些人能够,但是很多人不能够。有过一次实验,我询问那些丈夫们,关于他们妻子眼睛的颜色,他们常常显得困窘,供认他们不知道。顺便说一下,妻子们还总是经常抱怨丈夫不注意自己的新服装、新帽子的颜色,以及家内摆设的变化。

有视觉的人,他们的眼睛不久便习惯了周围事物的常规,他们实际上仅仅注意令人惊奇的和壮观的事物。然而,即使他们观看最壮丽的奇观,眼睛都是懒洋洋的。法庭的记录每天都透露出"目击者"看得多么不准确。某一事件会被几个见证人以几种不同的方式"看见"。有的人比别人看得更多,但没有几个人看见他们视线以内一切事物。

啊,如果给我三天光明,我会看见多少东西啊!

第一天,将会是忙碌的一天。我将把我所有亲爱的朋友都叫来,长久地望着他们的脸,把他们内在美的外部迹像铭刻在我的心中。我也将会把目光停留在一个婴儿的脸上,以便能够捕捉到在生活冲突所致的个人意识尚未建立之前的那种渴望的、天真无邪的美。

我还将看看我的小狗们忠实信赖的眼睛——庄重、宁静的小司格梯、达吉,还有健壮而又懂事的大德恩,以及黑尔格,它们的热情、幼稚而顽皮的友谊,使我获得了很大的安慰。

在忙碌的第一天,我还将观察一下我的房间里简单的小东西,我要看看我脚下的小地毯的温暖颜色,墙壁上的画,将房子变成一个家的那些亲切的小玩意。我的目光将会崇敬地落在我读过的盲文书籍上,然而那些能看的人们所读的印刷字体的书籍,会使我更加感兴趣。在我一生漫长的黑夜里,我读过的和人们读给我听的那些书,已经成为了一座辉煌的巨大灯塔,为我指示出了人生及心灵的最深的航道。

在能看见的第一天下午,我将到森林里进行一次远足,让我的眼睛陶醉在自然界的美丽之中,在几小时内,拼命吸取那经常展现在正常视力人面前的光辉灿烂的广阔奇观。自森林郊游返回的途中,我要走在农庄附近的小路上,以便看看在田野耕作的马(也许我只能看到一台拖拉机),看看紧靠着土地过活的悠然自得的人们,我将为光艳动人的落日奇景而祈祷。

当黄昏降临,我将由于凭借人为的光明看见外物而感到喜悦,当大自然宣告黑暗到来时,人类天才地创造了灯光,来延伸他的视力。在第一个有视觉的夜晚,我将睡不着,心中充满对于这一天的回忆。

第二天

有视觉的第二天,我要在黎明前起身,去看黑夜变为白昼的动人奇迹。我将怀着敬畏之心,仰望壮丽的曙光全景,与此同时,太阳唤醒了沉睡的大地。

这一天,我将向世界,向过去和现在的世界匆忙瞥一眼。我想看看人类进步的奇观,那变化无穷的万古千年。这么多的年代,怎么能被压缩成一天呢?当然是通过博物馆。我常常参观纽约自然史博物馆,用手摸一摸那里展出的许多展品,但我曾经渴望亲眼看看地球的简史和陈列在那里的地球上的居民——按照自然环境描画的动物和人类,巨大的恐龙和剑齿象的化石,早在人类出现并以他短小的身材和有力的头脑征服动物王国以前,它们就漫游在地球上了;博物馆还逼真地介绍了动物、人类,以及劳动工具的发展经过,人类使用这些工具,在这个行星上为自己创造了安全牢固的家;博物馆还介绍了自然史的其他无数方面。

我不知道,有多少本文的读者看到过那个吸引人的博物馆里所描绘的活着的动物的形形色色的样子。当然,许多人没有这个机会,但是,我相信许多有机会的人却没有利用它。在那里确实是使用你眼睛的好地方。有视觉的你可以在那里度过许多收益不浅的日子,然而我,借助于想象中的能看见的三天,仅能匆匆一瞥而过。

　　我的下一站将是首都艺术博物馆,因为它正像自然史博物馆显示了世界的物质外观那样,首都艺术博物馆显示了人类精神的无数个小侧面。在整个人类历史阶段,人类对于艺术表现的强烈欲望几乎像对待食物、住所,以及生育繁殖一样迫切。

　　在这里,在首都艺术博物馆巨大的展览厅里,埃及、希腊、罗马的精神在它们的艺术中表现出来,展现在我面前。

　　我通过手清楚地知道了古代尼罗河国度的诸神和女神。我抚摸了巴台农神庙中的复制品,感到了雅典冲锋战士有韵律的美。阿波罗、维纳斯以及双翼胜利之神莎莫瑞丝都使我爱不释手。荷马的那副多瘤有须的面容对我来说是极其珍贵的,因为他也懂得什么叫失明。我的手依依不舍地留恋罗马及后期的逼真的大理石雕刻,我的手抚摸遍了米开朗基罗的感人的英勇的摩西石雕像,我感知到罗丹的力量,我敬畏哥特人对于木刻的虔诚。这些能够触摸的艺术品对我来讲,是极有意义的,然而,与其说它们是供人触摸的,毋宁说它们是供人观赏的,而我只能猜测那种我看不见的美。我能欣赏希腊花瓶的简朴的线条,但它的那些图案装饰我却看不到。

　　因此,这一天,给我光明的第二天,我将通过艺术来搜寻人类的灵魂。我会看见那些我凭借触摸所知道的东西。更妙的是,整个壮丽的绘画世界将向我打开,从富有宁静的宗教色彩的意大利早期艺术及至带有狂想风格的现代派艺术。我将细心地观察拉斐尔、达·芬奇、提香、伦勃朗的油画。我要饱览维洛内萨的温暖色彩,研究艾尔·格列科的奥秘,从科罗的绘画中重新观察大自然。啊,你们有眼睛的人们竟能欣赏到历代艺术中这么丰富的意味和美!在我对这个艺术神殿的短暂的游览中,我一点儿也不能评论展开在我面前的那个伟大的艺术世界,我将只能得到一个肤浅的印象。艺术家们告诉我,为了达到深刻而真正的艺术鉴赏,一个人必须训练眼睛。

　　一个人必须通过经验学习判断线条、构图、形式和颜色的品质优劣。假如我有视觉从事这么使人着迷的研究,该是多么幸福啊!但是,我听说,对于你们有眼睛的许多人,艺术世界仍是个有待进一步探索的世界。

　　我十分勉强地离开了首都艺术博物馆,它装纳着美的钥匙。但是,看得见的人们往往并不需要到首都艺术博物馆去寻找这把美的钥匙。同样的钥匙还在较小的博物馆中甚或在小图书馆书架上等待着。但是,在我假想的有视觉的有限时间里,我应当挑选一把钥匙,能在最短的时间内去开启藏有最大宝藏的地方。

我重见光明的第二晚，我要在剧院或电影院里度过。即使现在我也常常出席剧场的各种各样的演出，但是，剧情必须由一位同伴拼写在我手上。然而，我多么想亲眼看看哈姆莱特的迷人的风采，或者穿着伊丽莎白时代鲜艳服饰的生气勃勃的弗尔斯塔夫！我多么想注视哈姆莱特的每一个优雅的动作，注视精神饱满的弗尔斯塔夫的大摇大摆！因为我只能看一场戏，这就使我感到非常为难，因为还有数十幕我想要看的戏剧。

你们有视觉，能看到你们喜爱的任何一幕戏。当你们观看一幕戏剧、一部电影或者任何一个场面时，我不知道，究竟有多少人对于使你们享受它的色彩、优美和动作的视觉的奇迹有所认识，并怀有感激之情呢？由于我生活在一个限于手触的范围里，我不能享受到有节奏的动作美。但我只能模糊地想象一下巴芙洛娃的优美，虽然我知道一点律动的快感，因为我常常能在音乐震动地板时感觉到它的节拍。我能充分想象那有韵律的动作，一定是世界上最令人悦目的一种景象。我用手指抚摸大理石雕像的线条，就能够推断出几分。如果这种静态美都能那么可爱，看到的动态美一定更加令人激动。我最珍贵的回忆之一就是，约瑟·杰佛逊让我在他又说又做地表演他所爱的里卜·万·温克时去摸他的脸庞和双手。

我多少能体会到一点戏剧世界，我永远不会忘记那一瞬间的快乐。但是，我多么渴望观看和倾听戏剧表演进行中对白和动作的相互作用啊！而你们看得见的人该能从中得到多少快乐啊！如果我能看到仅仅一场戏，我就会知道怎样在心中描绘出我用盲文字母读到或了解到的近百部戏剧的情节。所以，在我虚构的重见光明的第二晚，我没有睡成，整晚都在欣赏戏剧文学。

第三天

下一天清晨，我将再一次迎接黎明，急于寻找新的喜悦，因为我相信，对于那些真正看得见的人，每天的黎明一定是一个永远重复的新的美景。依据我虚构的奇迹的期限，这将是我有视觉的第三天，也是最后一天。我将没有时间花费在遗憾和热望中，因为有太多的东西要去看。第一天，我奉献给了我有生命和无生命的朋友。第二天，向我显示了人与自然的历史。今天，我将在当前的日常世界中度过，到为生活奔忙的人们经常去的地方去，而哪儿能像纽约一样找得到人们那么多的活动和那么多的状况呢？所以城市成了我的目的地。

我从我的家，长岛的佛拉斯特小而安静的郊区出发。这里，环绕着绿色草地、树木和鲜花,有着整洁的小房子,到处是妇女儿童快乐的声音和活动,非常幸福,是城里劳动人民安谧的憩息地。我驱车驶过跨越伊斯特河上的钢制带状桥梁,对人脑的力量和独创性有了一个崭新的印象。忙碌的船只在河中嘎嘎急驶——高速飞驶的小艇,慢悠悠、喷着鼻息的拖船。如果我今后还有看得见的日子,我要用许多时光来眺望这河中令人欢快的景象。我向前眺望,我的前面耸立着纽约——一个仿佛从神话的书页中搬下来的城市的奇异高楼。多么令人敬畏的建筑啊!这些灿烂的教堂塔尖,这些辽阔的石砌钢筑的河堤坡岸——真像诸神为他们自己修建的一般。这幅生动的画面是几百万人民每天生活的一部分。我不知道,有多少人会对它回头投去一瞥?只怕寥寥无几。对这个壮丽的景色,他们视而不见,因为这一切对他们是太熟悉了。

我匆匆赶到那些庞大建筑物之一——帝国大厦的顶端,因为不久以前,我在那里凭借我秘书的眼睛"俯视"过这座城市,我渴望把我的想象同现实作一比较。我相信,展现在我面前的全部景色一定不会令我失望,因为它对我将是另一个世界的景色。此时,我开始周游这座城市。首先,我站在繁华的街角,只看看人,试图凭借对他们的观察去了解一下他们的生活。看到他们的笑颜,我感到快乐;看到他们的严肃的决定,我感到骄傲;看到他们的痛苦,我不禁充满同情。

我沿着第五大街散步。我漫然四顾,眼光并不投向某一特殊目标,而只看看万花筒般五光十色的景象。我确信,那些活动在人群中的妇女的服装色彩一定是一幅绝不会令我厌烦的华丽景色。然而如果我有视觉的话,我也许会像其他大多数妇女一样——对个别服装的时髦式样感兴趣,而对大量的灿烂色彩不怎么注意。而且,我还确信,我将成为一位习惯难改的橱窗顾客,因为,观赏这些精美的陈列品一定是一种眼福。

从第五大街起,我作一番环城游览——到公园大道去,到贫民窟去,到工厂去,到孩子们玩耍的公园去,我还将参观外国人居住区,进行一次不出门的海外旅行。

我始终睁大眼睛注视幸福和悲惨的全部景象,以便能够深入调查,进一步了解人们是怎样工作和生活的。

我的心充满了人和物的形象。我的眼睛决不轻易放过一件小事,它争取密切关注它所看到的每一件事物。有些景象令人愉快,使人陶醉;但有些则是极其凄惨,令人伤感。对于后者,我绝不闭上我的双眼,因为它们也是生活的一部分。在它们面前闭上眼睛,就等于关闭了心房,关闭了思想。

我有视觉的第三天即将结束。也许有很多重要而严肃的事情,需要我利用这剩下的几个小时去看，去做。但是，我担心在最后一个夜晚，我还会再次跑到剧院去，看一场热闹而有趣的戏剧，好领略一下人类心灵中的谐音。

到了午夜，我摆脱盲人苦境的短暂时刻就要结束了，永久的黑夜将再次向我迫近。在那短短的三天，我自然不能看到我想要看到的一切。只有在黑暗再次向我袭来之时，我才感到我丢下了多少东西没有见到。然而，我的内心充满了甜蜜的回忆，使我很少有时间来懊悔。此后，我摸到每一件物品，我的记忆都将鲜明地反映出那件物品是个什么样子。

我的这一番如何度过重见光明的三天的简述，也许与你假设知道自己即将失明而为自己所做的安排不相一致。可是，我相信，假如你真的面临那种厄运，你的目光将会尽量投向以前从未曾见过的事物，并将它们储存在记忆中，为今后漫长的黑夜所用。你将比以往更好地利用自己的眼睛。你所看到的每一件东西，对你都是那么珍贵，你的目光将饱览那出现在你视线之内的每一件物品。然后，你将真正看到，一个美的世界在你面前展开。

失明的我可以给那些看得见的人们一个提示——对那些能够充分利用天赋视觉的人们一个忠告：善用你的眼睛吧，犹如明天你将遭到失明的灾难。同样的方法也可以应用于其他感官。聆听乐曲的妙音，鸟儿的歌唱，管弦乐队的雄浑而铿锵有力的曲调吧，犹如明天你将遭到耳聋的厄运。抚摸每一件你想要抚摸的物品吧，犹如明天你的触觉将会衰退。嗅闻所有鲜花的芳香，品尝每一口佳肴吧，犹如明天你再不能嗅闻品尝。充分利用每一个感官，通过自然给予你的几种接触手段，为世界向你显示的所有愉快而美好的细节而自豪吧！不过，在所有感官中，我相信，视觉一定是最令人赏心悦目的。

（选自《假如给我三天光明》，商务印书馆 2012 年版）

◎ **学习活动**

一、填一填

1. 海伦·凯勒（1880—1968），美国女作家、（　　　　　）。幼时患病，两耳失聪，双目失明。接着，她又丧失了语言能力。整整 87 年生活在无声、无光的世界中。7 岁时，安妮·莎莉文担任她的家庭教师，从此成了她一生的良师益友。在老师的努力下，她学会读书和说话，开始和人沟通。先后掌握了英、法、德、拉丁、希腊五种文字，以优异成绩毕业于哈佛大学美国拉德克利夫学院。大学期间写了《我生命的故事》,讲述她如何战胜病残,给成千上万的残疾人和正常人带来鼓舞。这本书被译成 50 种文字,在世界各国流传,被世界称为( )的杰作。她走遍世界各地,把自己的一生献给了盲人福利和教育事业,赢得了各国人民的赞扬,1964 年荣获( ),次年入选美国《时代周刊》评选的"二十世纪美国十大英雄偶像"之一。主要著作有(《 》)《我的生活》《老师》等。

2. 海伦·凯勒在三天光明的日子里,她最急切看到的是安排在第一天的内容,她最希望看到的是( ),而这其中首先"长时间凝视"的是她的启蒙老师,因为从她脸上能( ),因为是她( ),是靠着她( ),海伦对她充满了感激与尊敬之情。

二、想一想

1. 通读课文并思考:作者设想的这三天光明带给她一种怎样的感受?
2. 精读课文,理清作者想象中三天的活动内容,并体会其思想感情。
3. 朗读最后一节,并思考:作者重新面对黑暗有没有恐惧、失落、懊悔?

三、议一议

1. 作者第二天想要参观博物馆的原因是什么?参观了哪些博物馆?分别看到了什么?
2. 如何理解作者在能见到光明的第三天,最后一眼要看的是喜剧,欣赏人类精神世界的喜剧?
3. 作者在文中多次提到"有视力的人"对诸多"奇观"的忽略,如何理解其中所要表达的感情?

四、品一品

通读课文,摘抄文中富有诗意和哲理的警句,选出自己喜欢的精彩段落,领会作者在与残疾作斗争中表现出来的坚强不屈和积极乐观的精神。

五、写一写

除海伦以外,请再举出两三个例子,并通过细节描写或叙述典型事件,表现他们身残志坚、热爱生活、珍爱生命的精神。

六、读一读

盲人看

毕淑敏

　　每逢下学的时候,附近的那所小学,就有稠厚的人群,糊在铁门前,好似风暴前的蚁穴。那是家长等着接各自的孩童回家。在远离人群的地方,有个人,倚着毛白杨,悄无声息地站着,从不张望校门口。直到有一个孩子飞快地跑过来,拉着他说,爸,咱们回家。他把左手交给孩子,右手挂起盲杖,一同横穿马路。

　　多年前,这盲人常蹲在路边,用二胡奏很哀伤的曲调。他技艺不好,琴也质劣,音符断断续续地抽噎,听了只想快快远离。他面前盛着零碎钱的破罐头盒,永远看得到锈蚀的罐底。我偶尔放一点钱进去,也是堵着耳朵近前。后来,他摆了个小摊子,卖点手绢袜子什么的,生意很淡。一天晚上,我回家一下公共汽车,黑寂就包抄过来。原来这一片停电,连路灯都灭了。只有电线杆旁,一束光柱如食指捅破星天。靠拢才见那盲人打了手电,在卖蜡烛火柴,价钱很便宜。我赶紧买了一份,喜洋洋地觉得带回光明给亲人。之后的某个白日,我又在路旁看到盲人,就气哼哼地走过去,说,你也不能趁着停电,发这种不义之财啊!那天你卖的蜡烛,算什么货色啊?蜡烛油四下流,烫了我的手。烛捻一点也不亮,小得像个萤火虫尾巴。

　　他愣愣地把塌陷的眼窝对着我,半天才说,对不起,我……不知道……蜡烛的光……该有多大,萤火虫的尾巴……是多亮。那天听说停电,就赶紧批了蜡烛来卖。我知道……黑了,难受。

　　我呆住了。那个漆黑的夜晚,即使烛光如豆,还是比完全的黑暗,好了不知几多。一个盲人,在为明眼人操劳,我还不分青红皂白地指责他,我好悔。

　　后来,我很长时间没有到他的摊子买东西。确信他把我的声音忘掉之后,有一天,我买了一堆杂物,然后放下了50块钱,对盲人说,不必找了。我抱着那些东西,走了没几步,被他叫住了。大姐,你给我的是多少钱啊?我说,是50元。他说,我从来没拿过这么大的票子。见他先是平着指肚,后是立起掌根,反复摩挲钞票的正反面。我说,这钱是真的。你放心。他笑笑说,我从来没收过假钱。谁要是欺负一个瞎子,他的心就先瞎了。我只是不能收您这么多的钱,我是在做买卖啊。我知道自己又一次错了。

　　不知他在哪里学了按摩,经济上渐渐有了起色,从乡下找了一个盲姑娘,成了亲。一天,我到公园去,忽然看到他们夫妻相跟着,沿着花径在走。四周湖光山色美若仙境，我想，这对他们来讲，真是一种残酷。闪过他们身旁的时候，听到盲夫在炫耀地问，怎么样？我领你来这儿，景色不错吧？好好看看吧。盲妻不服气地说，好像你看过似的。盲夫很肯定地说，我看过。常来看的。

听一个盲人连连响亮地说出"看"这个词，叫人顿生悲凉，也觉出一些滑稽。盲妻反唇相讥道，介绍人不是说你胎里瞎吗？啥时看到这里好景色呢？盲夫说，别人用眼看，咱可以用心看，用耳朵看，用手看，用鼻子看……加起来一点不比别人少啊。他说着，用手捉了妻子的手指，往粗糙的树皮攀上去，停在一片极小的叶子上，说，你看到了吗？多老的树，芽子也是嫩的。那一瞬，我凛然一惊。世上有很多东西，看了如同未看，我们眼在神不在。记住并真正懂得的东西，必得被心房茧住啊。

后来盲夫妇有了果实，一个瞳仁亮如秋水的男孩。他渐渐长大，上了小学，盲人便天天接送。起初那孩童躲在盲人背后，跟着杖子走。慢慢胆子壮了，绿灯一亮，就跳着要越过去。父亲总是死死拽住他，用盲杖戳着柏油路说，让我再听听，近处没有车轮声，我们才可动……

终有一天，孩子对父亲讲，爸，我给你带路吧。他拉起父亲，东张西望，然后一蹦一跳地越过地上的斑马线。于是盲人第一次提起他的盲杖，跟着目光如炬的孩子，无所顾忌地前行，脚步抬得高高，轻捷如飞。孩子越来越大了。当明眼人都不再接送这么高的孩子时，盲人依旧每天倚在校旁的杨树下，等待着。

（选自《我很重要》，漓江出版社 2013 年版）

《世说新语》两则 | 刘义庆

◎ 小试牛刀

你能说出五十个所以"然"吗？请选用正确字词填写，并准确理解词意。

1.（　）然而止　　2.（　）然不屈　　3.（　）然四顾

4.（　）然若失　　5.（　）然而立　　6.（　）然拒绝

7.（　）然无声　　8.（　）然长逝　　9.（　）然于心

10.（　）然不同　11.（　）然前行　12.（　）然大波

13.（　）然可亲　14.（　）然从事　15.（　）然俯允

16.（　）然成风　17.（　）然自在　18.（　）然无味

19.（　）然而至　20.（　）然而去　21.（　）然作色

22.（　）然可怖　23.（　）然自若　24.（　）然在目

25.（　）然无恙　26.（　）然大怒　27.（　）然痛哭

28.（　）然大物　29.（　）然无声　30.（　）然泪下

31.（　）然耸立　32.（　）然命笔　33.（　）然失笑

34.（　）然而生　35.（　）然出众　36.（　）然若揭

37.（　）然纸上　38.（　）然视之　39.（　）然成家

40.（　）然露齿　41.（　）然一笑　42.（　）然涕下

43.（　）然决然　44.（　）然从风　45.（　）然不乐

46.（　）然处之　47.（　）然不解　48.（　）然起敬

49.（　）然神伤　50.（　）然物外

◎ 开心一刻

捉刀之人

东汉建安二十一年(216 年)，曹操晋封为魏王。恰巧在这一年，南匈奴派使臣前来朝见。曹操决定接见南匈奴使臣,但他觉得自己虽然很威武,但相貌比较一般,无法显出中原人物的风采,而南匈奴的使臣从未见过自己,何不找一个人来顶替自己呢?于是,他想到了自己的部属崔琰。崔琰是个文官,长得身材魁梧,眉清目秀,说起话来声音洪亮,而且一把长须一直拖到腹部,很有气派。用崔琰来做自己的替身,是再合适不过了。他立即命人将崔琰找来,要他在接见南匈奴使臣时扮作魏王。崔琰见是魏王所命,当然一口答应。

第二天,南匈奴使臣来拜见时,崔琰这个假魏王接见了他,曹操则扮作魏王的侍从,手持一把大刀,站在崔琰的身侧。曹操虽然扮作了持刀的侍从,但他摄魂制魄的威势还在。他两眼一直紧盯住南匈奴使臣,南匈奴使臣一接触曹操的眼神,总感到有一种令人震撼的威势,心中有些忐忑。

会见结束后,曹操想了解一下今天让崔琰假扮自己的效果,便派人去问南匈奴使臣:"你看魏王这个人怎么样?"南匈奴使臣想了想,回答说:"魏王气度恢宏,风采绝世,确是大国人物,非我小邦之人可比。可不知为什么,在我的感觉中,魏王身旁的捉刀人(持刀之人)身上有一股慑人的气势,他才是一个真正的英雄。"

曹操听了禀报,心中非常后悔。他觉得这个南匈奴使臣很有眼光,似乎已看穿了自己找替身接见的事。曹操怕授人话柄,就在使臣回南匈奴的路上,派人把他杀了。后来,"捉刀人"这一典故,用来借指很有威慑力的英雄人物;但现在更多用于指代替别人写文章的人。

你还知道《世说新语》中的其他轶闻趣事吗?

◎ 选 文

咏 雪

谢太傅①寒雪日内集②,与儿女③讲论文义④。俄而⑤雪骤⑥,公欣然⑦曰:"白雪纷纷何所似⑧?"兄子胡儿⑨曰:"撒盐空中差可拟⑩。"兄女曰:"未若⑪柳絮因⑫风起。"公大笑乐。即⑬公大兄无奕女⑭,左将军王凝之⑮妻也。

(选自《世说新语》,上海古籍出版社 2012 年版)

注 释

①谢太傅:即谢安(320—385),字安石,晋朝陈郡阳夏(jiǎ)(现河南太康)人。做过吴兴太守、侍中、吏部尚书、中护军等官职。死后追赠为太傅。

②内集:家庭聚会。

③儿女:子侄辈的年轻一代。

④讲论文义:谈论诗文。

⑤俄而:不久,一会儿。

⑥骤:急(速),紧。

⑦欣然:高兴的样子。

⑧何所似:即"所似何",宾语前置。像什么。何,疑问代词,什么。似,像。

⑨胡儿:即谢朗,字长度,谢安哥哥谢据的长子。做过东阳太守。

⑩差可拟:差不多可以相比。差,大致,差不多。拟,相比。

⑪未若:不如,比不上。

⑫因:凭借。

⑬即:是。

⑭无奕女:谢无奕的女儿。指谢道韫(yùn),东晋有名的才女。无奕,指谢奕,字无奕。

⑮王凝之:字叔平,大书法家王羲之的第二个儿子,曾任左将军、会稽内史等职。

陈太丘与友期

陈太丘①与友期行②。期日中③,过中不至,太丘舍去④,去后乃至⑤。元方⑥时年七岁,门外戏⑦。客问元方:"尊君⑧在不?"答曰:"待君久不至,已去。"友人便怒:"非人哉⑨!与人期行,相委而去⑩。"元方曰:"君与家君⑪期日中。日中不至,则是无信;对子骂父,则是无礼。"友人惭,下车引⑫之。元方入门不顾⑬。

(选自《世说新语》,上海古籍出版社2012年版)

注 释

①陈太丘:即陈寔(shí),字仲弓,东汉颍川许(今河南许昌)人,做过太丘县令。

②期行:相约同行。期,约定。

③期日中:约定的时间是中午。日中,正午时分。

④舍去：不再等候就走了。舍，放弃。去，离开。

⑤乃至：(友人)才到。乃，才。

⑥元方：即陈纪，字元方，陈寔的长子。

⑦戏：玩耍。

⑧尊君：对别人父亲的尊称。

⑨不：通"否"，句末语气词，表询问。

⑩相委而去：丢下我走了。委，丢下、舍弃。去，离开。相，动作偏指一方，这里指"我"。

⑪家君：谦词，对人称自己的父亲。

⑫引：拉，这里有友好的意思。

⑬顾：回头看。

◎ 学习活动

一、填一填

1. 刘义庆(403—444)，(   )时著名文学家，彭城(今江苏徐州)人，曾任荆州刺史，爱好文学。所著笔记小说集(《   》)，是中国文学史上第一部轶事小说，也是六朝(   )小说的代表。该书原为八卷，今本作三卷，分德行、言语、政事、文学、方正、雅量、识鉴、赏誉、品藻等三十六门，主要记晋代士大夫的言谈、逸事，所记故事都不长，但是写得精练、生动、传神，往往三言两语，也能让读者看到当时的社会风气和一些人物的精神面貌，对后世小说影响极大。《咏雪》选自"言语"一门，《陈太丘与友期》选自"方正"一门。

2.《咏雪》和《陈太丘与友期》，分别记述了(   )巧答谢太傅和(   )巧辩陈太丘友人的故事。

3.《咏雪》通过(   )的故事，写出了谢道韫的(   )(   )，表达了作者的尊重女子之情。同时，谢道韫的对答使谢太傅"大笑乐"，体现了当时以才德服人的社会风气。《陈太丘与友期》通过陈大丘与友期行的故事，说明了(   )(   )(   )的重要性。

二、读一读

1. 熟读全文，力求读准节奏，读出韵味。

2. 朗读《陈太丘与友期》,揣摩文中对话的语气、语调及所表达的思想感情。

三、品一品

1. 对照注释,理解重点文言词语的含义和特殊句式的用法,然后概述课文主要内容。

2.《咏雪》第一句话交代了哪些内容? 文中营造了怎样的家庭氛围?

3. 元方入门不顾是否失礼? 为什么?

4. 比较两篇文章在内容上的异同。

四、练一练

1. 背诵《咏雪》及《陈太丘与友期》文中的人物对话,要求准确、流畅和有感情。

2. 默写《咏雪》,抄写《陈太丘与友期》全文。

3. 搜集古人咏雪的诗句,抄录下来并能熟记。

五、译一译

阅读《世说新语》中另一篇记录魏晋人物言谈逸事的笔记小说《王子猷居山阴》,试着翻译成现代文。

王子猷居山阴。夜大雪,眠觉,开室命酌酒,四望皎然;因起彷徨,咏左思《招隐》诗,忽忆戴安道。时戴在剡,即便夜乘小船就之,经宿方至,造门不前而返。人问其故,王曰:"吾本乘兴而行,兴尽而返,何必见戴!"王子猷尝暂寄人空宅住,便令种竹。或问:"暂住何烦尔?"王啸咏良久,直指竹曰:"何可一日无此君!"

第
二
单
元

情感驿站

　　情感是生命的灵魂,是人生最美的风景。

　　驻足情感驿站,恋人相约的甜蜜美好,故国沦亡的忧心哀痛,故地再别的留恋感伤,渴望平等的爱情憧憬,相伴终生的深情承诺,捍卫爱情的坚贞不渝……一个个感人的故事,一幕幕动人的场景,让我们感慨万千,唏嘘动容。

　　情感是生命最宝贵的财富,无论或悲或喜,都装点我们的记忆;无论或得或失,都厚重我们的人生。让我们用心感受人间真情,用爱经营情感驿站。让我们一起走进情感驿站,共同解读诗歌背后的情感世界,感悟人生的多姿多彩,收获心灵的滋润与丰盈。

《诗经》二首

◎ 小试牛刀

文化常识填空

1. "四书""五经"是儒家的主要经典。"四书"指(《　　　》)(《　　　》)(《　　　》)(《　　　》);"五经"指(《　　　》)(《　　　》)(《　　　》)(《　　　》)(《　　　》)。

2. 我国古代有"三皇五帝"之说。"三皇"是指(　　　)(　　　)(　　　);"五帝"是指(　　　)(　　　)(　　　)(　　　)(　　　)。

3. "三教九流"中的"三教"是指(　　　)(　　　)(　　　),"九流"是指(　　　)(　　　)(　　　)(　　　)(　　　)(　　　)(　　　)(　　　)。

4. "永字八法"是说"永"字具有(　　　)(　　　)(　　　)(　　　)(　　　)(　　　)(　　　)八种笔画。

5. "岁寒三友"是指(　　　)(　　　)(　　　)。

6. "花中四君子"是指(　　　)(　　　)(　　　)(　　　)。

7. "文人四友"是指(　　　)(　　　)(　　　)。

8. "文房四宝"是指(　　　)(　　　)(　　　)(　　　)。

9.《四库全书》是乾隆皇帝亲自主持编写的一部中国历史上规模最大的丛书,分(　　　)(　　　)(　　　)四部,故称"四库"。

10.《诗经》"六义"指:(　　　)(　　　)(　　　)(　　　)(　　　)(　　　)。

◎ 开心一刻

祝枝山写春联

明代书画家祝枝山和唐伯虎、文徵明、周文宾并称"江南四大才子"。他疾恶如仇,常用书画戏弄贪官污吏。

某年除夕,他应邀为一刘姓赃官题写了两副春联:"明日逢春好不晦气,终年倒运少有余财。此地安能居住,其人好不悲伤。"赃官看后恼羞成怒,即刻扭了祝枝山要问罪。

祝枝山抱拳一笑:"大人差矣! 学生写的全是吉庆之词啊!"

于是,祝枝山抑扬顿挫地当众念了一遍。赃官和众人听得目瞪口呆,无言对答。好半天,方如梦初醒,再看那祝枝山,早已扬长而去。

你知道刘赃官和祝枝山都是怎样读的吗? 请你替他们读一读。

◎ 选 文

邶①风·静女②

静女其姝③,俟④我于城隅⑤。爱⑥而不见⑦,搔首踟蹰⑧。

静女其娈⑨,贻⑩我彤管⑪。彤管有炜⑫,说怿⑬女⑭美。

自牧⑮归荑⑯,洵⑰美且异。匪女⑱之为美,美人⑲之贻。

(选自《诗经译注》,上海古籍出版社 1985 年版)

注 释

①邶(bèi):邶国(今河南汤阴境内)。

②静女:文雅的姑娘。静,娴静。

③其姝(shū):姝,美丽。其,形容词词头。

④俟(sì):等待,等候。

⑤城隅(yú):城上的角楼。一说是城边的角落。

⑥爱:通"薆(ài)",隐藏,遮掩。

⑦见(xiàn):通"现",出现。一说是看见。

⑧踟蹰(chí chú):双声联绵词,亦作"踟躇",心里迟疑,要走不走的样子。

⑨娈(luán):面目姣好。

⑩贻(yí):赠送。

⑪彤(tóng)管:红色的管箫。管,管箫,有人说是带有红色色泽的茅草根部。

⑫炜(wěi):鲜明有光的样子。

⑬说怿(yuè yì):喜爱。说,通"悦",和"怿"一样,都是喜爱的意思。

⑭女(rǔ):通"汝",你。这里指代"彤管"。

⑮牧:野外放牧的地方。

⑯归荑(kuì tí):赠送荑草。归,通"馈",赠送。荑,初生的茅草。古时有赠白茅草以示爱恋的习俗。

⑰洵(xún):通"恂",的确,确实。

⑱匪(fēi)女(rǔ):不是你(荑草)。匪,通"非"。

王风·黍离①

彼黍离离②,彼稷③之苗。行迈靡靡④,中心摇摇⑤。知我者谓我心忧,不知我者谓我何求。悠悠⑥苍天! 此何人哉⑦?

彼黍离离,彼稷之穗。行迈靡靡,中心如醉。知我者谓我心忧,不知我者谓我何求。悠悠苍天! 此何人哉?

彼黍离离,彼稷之实。行迈靡靡,中心如噎⑧。知我者谓我心忧,不知我者谓我何求。悠悠苍天! 此何人哉?

(选自《诗经译注》,上海古籍出版社1985年版)

注　释

①黍:一种农作物,即糜子,子实去皮后叫黄米,有黏性,可以酿酒、做糕等。

②离离:繁茂貌,成排成行长得十分茂盛。

③稷:谷子,一说高粱。黍的一个变种,散穗,子实不黏或黏性不及黍者为稷。

④行迈:行,远行。靡(mǐ)靡:迟迟、缓慢的样子。

⑤中心:内心。摇摇:心神不宁的样子。

⑥悠悠：遥远的样子。

⑦此何人哉：这（指故国沦亡的凄凉景象）是谁造成的呢？

⑧噎(yē)：食物塞住咽喉，这里指心中忧闷如有物在喉哽住，透不过气来。

◎ 学习活动

一、填一填

1.《诗经》原名（《 　　　　》）或（《 　　　　　　》），共收录从西周初期到春秋中期的诗歌305首。它是我国第一部（ 　　　　　　　　）。

2.《静女》一诗中有"自牧归荑，洵美且异"的句子，但接着又说"匪女之为美"，而是因为"美人之贻"，这反映了青年人的什么心理？可以用成语（ 　　　　）概括。

3.《黍离》在结构上运用了（ 　　　　　　）的表现手法，层层递进地抒发主人公对故国深远绵长的忧伤。故后人常用（ 　　　　　　）一词作为表达亡国之痛的代名词。

二、读一读

1. 请跟随著名播音员虹云的朗诵，有节奏地朗读《静女》《黍离》两首诗歌，感受诗歌中蕴含的情感，并熟读成诵。

2. 朗读《周南·关雎》《秦风·蒹葭》，体会《诗经》四言句式的节奏感和重章叠句、双声叠韵的回环往复，舒徐和缓。

周南·关雎

关关雎鸠，在河之洲；窈窕淑女，君子好逑。

参差荇菜，左右流之；窈窕淑女，寤寐求之。

求之不得，寤寐思服；悠哉悠哉，辗转反侧。

参差荇菜，左右采之；窈窕淑女，琴瑟友之。

参差荇菜，左右芼之；窈窕淑女，钟鼓乐之。

秦风·蒹葭

蒹葭苍苍，白露为霜。

所谓伊人，在水一方。

溯洄从之，道阻且长；

溯游从之，宛在水中央。

蒹葭萋萋，白露未晞。

所谓伊人，在水之湄。

溯洄从之，道阻且跻；

溯游从之，宛在水中坻。

蒹葭采采，白露未已。

所谓伊人，在水之涘。

溯洄从之，道阻且右；

溯游从之，宛在水中沚。

三、说一说

1. 请发挥你的想象，用叙述的语言描绘出《静女》一诗中青年男女约会时的相貌、动作、神态、心理及当时的环境等。

2. 请简要概括《黍离》一诗中主人公的形象。

四、比一比

在班级中开展一次《诗经》朗诵会。比一比谁朗诵的诗歌最多，谁朗诵得最好。

再别康桥 | 徐志摩

小试牛刀

重团聚、怨别离,是中华民族的传统心理。千百年来,故国乡土之思、骨肉亲人之念、挚友离别之感牵动了很多人的心弦,"别离"自然成为我国古典诗歌歌咏的重要内容。李白的《赠汪伦》、王维的《送元二使安西》、柳永的《雨霖铃》等都是有名的离别诗词,请你将下面五首诗词补充完整。

1. 李白乘舟将欲行,(   )。(   ),不及汪伦送我情。(李白《赠汪伦》)

2. (   ),客舍青青柳色新。劝君更尽一杯酒,(   )。(王维《送元二使安西》)

3. 寒蝉凄切,对长亭晚,(   )。都门帐饮无绪,留恋处,(   )。(   ),竟无语凝噎。念去去,千里烟波,(   )。多情自古伤离别,(   )!今宵酒醒何处?杨柳岸,晓风残月。此去经年,(   )。便纵有千种风情,(   )?(柳永《雨霖铃》)

4. 千里黄云白日曛,(   )。(   ),天下谁人不识君。(高适《别董大》)

5. 城阙辅三秦,风烟望五津。与君离别意,同是宦游人。(   ),(   )。无为在歧路,儿女共沾巾。(王勃《送杜少府之任蜀州》)

开心一刻

送别趣诗

一个贪官把地方上的钱财狠狠搜刮了一遍。离任时,发现没什么可搜刮的了,便在一把折扇上把那儿的农田山水全部画了进去。当地百姓便编了首打油诗为他送行:来时萧瑟去时丰,官币民财一扫空;只因江山移不去,临行写入图画中。

　　唐代文人有以诗赠别的习俗,在《全唐诗》收录的 2300 多位唐代诗人中,几乎每人都写过送别诗,从这些送别诗歌中,我们可以窥见唐人送别的有趣风俗,进而了解当时的风俗人情。

你从唐诗中读到过哪些唐人送别的风俗?

◎ 选 文

轻轻的我走了,
正如我轻轻的来;
我轻轻的招手,
作别西天的云彩。

那河畔的金柳,
是夕阳中的新娘;
波光里的艳影,
在我的心头荡漾。

软泥上的青荇[①],
油油的在水底招摇;
在康河的柔波里,
我甘心做一条水草!

那榆荫下的一潭[②],
不是清泉,是天上虹;
揉碎在浮藻间,
再别康桥沉淀着彩虹似的梦[③]。

寻梦? 撑一支长篙,
向青草更青处漫溯;
满载一船星辉,
在星辉斑斓里放歌。

但我不能放歌，

悄悄是别离的笙箫；

夏虫也为我沉默，

沉默是今晚的康桥！

悄悄的我走了，

正如我悄悄的来；

我挥一挥衣袖，

不带走一片云彩。

1928 年

（选自《徐志摩诗全编》，浙江文艺出版社 1987 年版）

注　释

①青荇：绿色的水草。

②潭：指拜伦潭。因英国浪漫主义诗人拜伦（1788—1824）在剑桥大学学习时经常在此游泳而得名。

③彩虹似的梦：暗指诗人往日的美好理想。

◎ 学习活动

一、填一填

徐志摩（1897—1931），现代诗人、散文家，浙江海宁人，（　　　　）诗派代表诗人。著有诗集（《　　　　　　　　》）（《　　　　　　　　　》）《猛虎集》《云游》，散文集《落叶》《巴黎的鳞爪》《自剖》《秋》，小说散文集《轮盘》，戏剧《卞昆冈》（与陆小曼合写），日记《爱眉小札》《志摩日记》，译著《曼殊斐尔小说集》等。

二、读一读

1. 本诗共 7 节，每节四行，每行两顿或三顿，节奏分明，自然和谐。请反复朗读诗作，用"／"为诗歌划分节奏，并将自己的朗诵以音频或视频的方式记录下来。

2. 朗读徐志摩的《偶然》。

偶　然

徐志摩

我是天空里的一片云，
偶尔投影在你的波心——
你不必惊异，
更无须欢喜——
在转瞬间消灭了踪影。

你我相逢在黑夜的海上，
你有你的，我有我的，方向；
你记得也好，
最好你忘掉，
在这交会时互放的光亮！

三、想一想

诗作中运用大量意象渲染突出诗人对康桥的一片深情，请找出这些意象，并说说这些意象的运用对全诗情感的表达有何作用。

四、写一写

仿照《再别康桥》，写一首以回忆为主题的诗歌。

致橡树 舒 婷

◎ 小试牛刀

句子仿写

1. 对你的思念像涓涓的流水,绵延幽长。

对你的思念像(　　　　　)的蜡烛,(　　　　　　)。

对你的思念像(　　　　　)的野草,(　　　　　　)。

2. 如果你是一棵大树,就撒下一片阴凉。

如果你是一泓清泉,(　　　　　　　)。

如果你是一棵小草,(　　　　　　　)。

如果你是一颗星星,(　　　　　　　)。

如果你是一朵鲜花,(　　　　　　　)。

◎ 开心一刻

嫁你像私奔

舒婷是朦胧诗派的代表人物,是陈仲义的太太。陈仲义人高马大,长相一般,穿着随意,朴实得不能再朴素,木讷得近乎迂腐,属于内秀型。他在一所大学执教,是省内颇有名气的诗评家。

他们同居于鼓浪屿一条街上,推窗可望,临街可呼,同在文学圈。

初闯江湖那会儿,鹭岛文学圈内朋友聚首,众人宏言阔论,唯陈仲义十有八九沉默寡言,藏锋不露。舒婷暗中观察,若论对手,非他莫属了。每每过海进城以作家、评论家身份出席会议,他们往往"君立船首,我临船尾,同享一江水"。

虽相互心仪,但谁也不愿先表心迹。历七八年之久,月老看不过去,终用红丝线将这对大男大女拴到一起。

1981 年的一天,舒婷远游三峡归来,还没及抖落一路风尘,陈仲义已树桩般伫立在她面前,"四目相对",心有灵犀何须点,舒婷说了句"好吧",一点也不朦胧,这对分别为 32 岁与 29 岁(舒婷自说 28 岁)的金童玉女,携手步上了爱情的双桨船。

结婚的那一天,陈仲义 5 时即起,逆寒风步行 3 分钟去接新娘子。

舒婷的见面礼是拧一把热毛巾去烫熨新郎脑后那撮一年 365 天都"立正"的耸发。老丈人端来一碗 4 只荷包汤蛋递给毛脚女婿,陈仲义照规矩吞掉两只,将残余部分留给新娘。舒婷连蛋带汤一口气扫光,扬扬空碗,幽她老爸一默:"今天我还是你龚家女儿,不能浪费。"

龚老先生为享嫁女之乐,备 4 辆小板(鹭岛无机动车)运嫁妆,衣物、书稿、桂圆蜜枣、针头线脑三车,压阵的是老人精心培育多年的 20 盆名品玫瑰花,不乏诗意。

车队在一眼见底的小街上游行了 5 分钟即宣告完毕,大男大女进洞房。婚后多时,两口子逛街,被舒婷当年的二位小姐妹撞见了。舒婷被悄悄拽到一边审问:你处朋友啦?乐得舒婷弯腰如大虾。

数年后,舒婷忆起一生大事竟如此草草,总有点遗憾,便数落陈仲义:"我嫁你简直像私奔!"

朦胧诗派是 20 世纪 70 年代末至 80 年代初崛起的一个新的诗歌潮流,也是当时争议最多、影响最大最深远的诗潮。你了解朦胧诗派的风格特点吗?你知道的朦胧诗派代表诗人都有哪些?

◎ 选文

我如果爱你——
绝不像攀援的凌霄花
借你的高枝炫耀自己;
我如果爱你——
绝不学痴情的鸟儿
为绿荫重复单调的歌曲;
也不止像泉源
长年送来清凉的慰藉;

也不止像险峰

增加你的高度，衬托你的威仪。

甚至日光。

甚至春雨。

不，这些都还不够！

我必须是你近旁的一株木棉，

作为树的形象和你站在一起。

根，紧握在地下，

叶，相触在云里。

每一阵风过，

我们都互相致意，

但没有人

听懂我们的言语。

你有你的铜枝铁干，

像刀、像剑，

也像戟；

我有我红硕的花朵，

像沉重的叹息，

又像英勇的火炬。

我们分担寒潮、风雷、霹雳；

我们共享雾霭、流岚、虹霓。

仿佛永远分离，

却又终身相依。

这才是伟大的爱情，

坚贞就在这里：

爱——

不仅爱你伟岸的身躯，

也爱你坚持的位置，足下的土地。

1977 年 3 月 27 日

（选自《诗刊》1979 年第 4 期）

◎ 学习活动

一、填一填

　　舒婷,原名龚佩瑜,1952 年出生,祖籍福建泉州,当代女诗人,与北岛、顾城齐名,是(　　　)诗派代表作家之一。著有诗集《双桅船》《会唱歌的鸢尾花》《始祖鸟》。诗歌(《　　　　　　　　》)获 1980 年全国中青年优秀诗歌作品奖,(《　　　　　　》)获全国首届新诗优秀诗集奖、1993 年庄重文文学奖。

二、想一想

　　1. 诗歌否定了哪几种爱情观?

　　2. 诗歌运用了什么艺术手法?

　　3. 橡树和木棉分别代表什么?

　　4. 作者向往的真正的爱情是怎样的?

三、说一说

　　选取本诗中你感受最深的一句,说说自己的理解。

四、背一背

　　本诗是舒婷的代表作,请背诵本诗。你还知道舒婷的其他诗作吗? 与你的同学分享一下吧!

我愿意是急流 　|　[匈牙利]裴多菲

◎ 小试牛刀

巧填人体器官名称

　　头脑、心脏、手足……这是我们身体上的器官。你知道吗？这些人体器官名称有着巧妙的喻义。恰当地运用它们，能使意思表达得生动形象。比如：头脑，一意为"头绪"，如"摸不着头脑"；一比作首领。那么，你能根据下面的描述写出相应的人体器官名称吗？

　　1. 比喻兄弟。（　　　　　）

　　2. 比喻中心或最重要的部分。（　　　　　）

　　3. 比喻得力助手。（　　　　　）

　　4. 比喻替人刺探消息的人。（　　　　　）

　　5. 比喻形势险要的交通要道。（　　　　　）

　　6. 比喻所控制的范围。（　　　　　）

　　7. 比喻人的品质、气概。（　　　　　）

　　8. 比喻靠山。（　　　　　）

　　9. 指亲近而信任的人。（　　　　　）

　　10. 称最亲最心爱的人，多用于年幼的子女。（　　　　　）

◎ 开心一刻

自由与爱情

　　1846 年 9 月,23 岁的裴多菲在舞会上结识了伊尔诺茨伯爵的女儿森德莱·尤丽娅。这位身材修长、有浅蓝色眼睛的美丽姑娘的清纯和率真，使年轻诗人一见倾心。但拥有大量土地庄园的伯爵却不肯把女儿嫁给裴多菲这样的穷诗人。面对阻力，裴多菲对尤丽娅的情感仍不可抑制，在半年时间里写出了一首首情诗，如《致尤丽娅》《我是一个怀有爱情的人》《你爱的是春天》《凄凉的秋风在树林中低语》《一下子给我二十个吻吧》等。这些抒情诗中的珍品，鼓动尤丽娅冲破父亲和家庭的桎梏，在一年后同裴多菲走进了婚礼的殿堂。

此刻，欧洲大地已涌起革命洪流，匈牙利人民起义也如涌动的岩浆。蜜月中的裴多菲欢乐与忧郁交织。他不愿庸碌地沉溺于私家生活，写下了著名的箴言诗《自由与爱情》，后加入革命军队，投身匈牙利民族独立战争，用自己的行动践行了他向革命迈进的誓言。

你能背出这首《自由与爱情》吗？

◎ 选 文

我愿意是急流，
是山里的小河，
在崎岖的路上、
岩石上经过……

只要我的爱人
是一条小鱼，
在我的浪花中
快乐地游来游去。

我愿意是荒林，
在河流的两岸，
对一阵阵的狂风，
勇敢地作战……

只要我的爱人
是一只小鸟，
在我的稠密的
树枝间做窠，鸣叫。

我愿意是废墟，
在峻峭的山岩上，
这静默的毁灭
并不使我懊丧……

只要我的爱人
是青青的常春藤，
沿着我荒凉的额，
亲密地攀缘上升。

我愿意是草屋，
在深深的山谷底，
草屋的顶上
饱受风雨的打击……

只要我的爱人
是可爱的火焰，
在我的炉子里，
愉快地缓缓闪现。

我愿意是云朵，
是灰色的破旗，
在广漠的空中，
懒懒地飘来荡去……

只要我的爱人
是珊瑚似的夕阳，
傍着我苍白的脸，
显出鲜艳的辉煌。

（选自《裴多菲文集》第三卷，上海译文出版社 1996 年版）

◎ **学习活动**

一、填一填

裴多菲·山陀尔(1823—1849),匈牙利爱国诗人和英雄,也是匈牙利民族文学的奠基人,资产阶级革命民主主义者。裴多菲一生除创作大量革命诗歌外,还写有政论、戏剧、小说和散文等大量作品,他一生中写了约 1000 首抒情诗和 8 部叙事长诗,其中最著名的有(《   》)(一译《勇敢的约翰》)和(《   》),对匈牙利文学的发展产生了重大影响,他的政论文章揭露了敌人,鼓舞了人民,对匈牙利民族独立战争发挥了积极的作用。

二、想一想

1. 诗中选取了哪些意象?这些意象具有什么特点?

2. 这些意象在表达顺序的安排上有什么特点?对主旨的表达有什么作用?

3. 诗歌表达了诗人怎样的爱情观?

三、读一读

裴多菲 26 岁时死于争取匈牙利民族独立的起义战争中。他的这首《民族之歌》,在编排和气势上都与中国国歌《义勇军进行曲》有着惊人的相似,读来朗朗上口,坚定的信念和决死的意志溢于言表,使人精神振奋,斗志昂扬。

民族之歌
裴多菲

起来,匈牙利人,祖国正在召唤!
是时候了,现在干,还不算太晚!
愿意做自由人呢,还是做奴隶?
你们自己选择吧,就是这个问题
向匈牙利的上帝宣誓,
我们宣誓,
我们宣誓,我们
不再继续做奴隶!
我们过奴隶生活,直到今天,

连我们的祖先也总是遭受诽谤；

他们原来自由地活着或者死去……

死后无法在受奴役的地下安息。

向匈牙利的上帝宣誓，

我们宣誓，

我们宣誓，我们

不再继续做奴隶！

假如有谁把他渺小的生命，

看得比他的祖国还要贵重，

祖国需要时，他不肯战死，

那么他太下贱，太卑鄙无耻！

向匈牙利的上帝宣誓，

我们宣誓，

我们宣誓，我们

不再继续做奴隶！

军刀要比铁锁链更加光亮，

佩带起军刀，却也十分辉煌；

如今我们还是戴着脚镣和手铐！

你过来吧，我们的古老的军刀！

向匈牙利的上帝宣誓，

我们宣誓，

我们宣誓，我们

不再继续做奴隶！

匈牙利这个名字还会重新壮丽，

让它真正恢复古代的伟大荣誉；

我们要在激烈的战斗之前宣誓，

要清洗几世纪来所遭受的羞耻！

向匈牙利的上帝宣誓，

我们宣誓，

我们宣誓，我们

不再继续做奴隶！

在我们阵亡的地方将筑起坟丘，

后代子孙们将在坟前哀哭和叩头。

他们念着为我们祝福的祷词，

念着我们的无比神圣的名字。

向匈牙利的上帝宣誓，

我们宣誓，

我们宣誓，我们

不再继续做奴隶！

四、写一写

从诗中选出你感触最深的一段，把它改写成散文。

孔雀东南飞（并序） 　汉乐府

◎ 小试牛刀

诗句填空

1. 我们的老师指导写作时,常常引用宋代苏轼《题西林壁》中的两句诗"(　　　　　　　　),(　　　　　　　　)",强调写作是心灵放飞,是情感释放,写法要不拘一格,语言要有自己的个性。

2. 中秋佳节,皓月当空,离别故土几载,家乡的亲人可好! 酸楚的我不禁潸然泪下:"(　　　　　　　　),(　　　　　　　　)"。亲人啊,可知道海外游子的心!

3. 湖边那株柳树亭亭玉立,纤细的嫩叶泛着点点绿光,远远看去,就像一树绿色的宝石,柳枝也不逊色,低眉顺眼,似风姿绰约的美人。此景象真可谓是"(　　　　　　　　),(　　　　　　　　)"。

4. 深秋,校园的梧桐树叶枯黄了,时而像打秋千,飘飘悠悠;时而像降落伞,摇摇欲坠;时而像一群燕子,自由飞翔……多么富有诗情画意呀! 地面上像是铺上了一条无比宽大的金地毯子。望着这景象,我不由地吟诵起龚自珍的诗句——"(　　　　　　　　),(　　　　　　　　)"。这落叶虽不是春天的"落红",却具有"落红"的献身精神,不正像我们的老师吗?

5. 昨天下午老师布置了一道数学思考题,晚上,我绞尽脑汁,百思不得其解,就在我"(　　　　　　　　)"时,爸爸走了过来,助我一臂之力,经他一点拨,我豁然开朗,真是"(　　　　　　　　)",于是迅速地解开了这道难题。

6. 春雨,古今中外多少人赞美你,"(　　　　　　　　),(　　　　　　　　)",这是大诗人杜甫描述你来到人间的佳句。你来了,如烟如雾,悄无声息,垂柳在你的抚慰下吐芽,禾苗在你的沐浴下盈盈闪光。

◎ 开心一刻

《白头吟》背后的爱情故事

《白头吟》相传是汉代才女卓文君所作。卓文君，貌美而琴、棋、书、画样样精通，是汉代临邛大富豪卓王孙的掌上明珠。

一日，卓王孙宴请宾客，请来了当地县令和在县令家寄住的司马相如。司马相如听说卓王孙之女文君美貌非凡，更兼文采，于是奏了一曲《凤求凰》，表达自己对卓文君的爱慕之心。卓文君被美妙的琴声吸引，又久慕司马相如之才，于是对他产生好感。因遭到卓王孙的强烈阻挠，司马相如和卓文君私奔回到司马相如老家成都。司马相如家徒四壁，两人生活窘迫。卓文君就把自己的头饰当了，开了一家酒铺，自己当垆卖酒，司马相如打杂跑堂。消息传到其父卓王孙耳中，为顾及情面，卓王孙只好将新婿、爱女接回临邛。

汉武帝即位后，读了司马相如的《子虚赋》，深为赞赏，便召见了他。后司马相如又写出《上林赋》进献，武帝大喜，拜他为郎。发迹之后，司马相如乐不思蜀，与卓文君的感情也发生了变化，想纳茂陵女为妾。卓文君怀着悲愤写下了流传后世的《白头吟》与司马相如诀别。

"皑如山上雪，皎如云间月。闻君有两意，故来相决绝。今日斗酒会，名旦沟水头，躞蹀御沟上，沟水东西流。凄凄复凄凄，嫁娶不须啼。愿得一心人，白首不相离。竹竿何袅袅，鱼尾何簁簁！男儿重义气，何用钱刀为！"

司马相如读后心生惭愧，最终回心转意。

这就是《白头吟》背后的爱情故事。你还知道哪些诗词背后隐藏着动人的爱情故事？

◎ 选文

汉末建安中①，庐江②府小吏焦仲卿妻刘氏，为仲卿母所遣③，自誓不嫁。其家逼之，乃投水而死。仲卿闻之，亦自缢于庭树。时人伤之，为诗云尔④。

孔雀东南飞，五里一徘徊⑤。

"十三能织素⑥，十四学裁衣，十五弹箜篌⑦，十六诵诗书⑧。十七为君妇，心中常苦悲。君既为府吏,守节⑨情不移。贱妾留空房,相见常日稀。鸡鸣入机织,夜夜不得息。三日断⑩五匹,大人故嫌迟⑪。非为织作迟,君家妇难为。妾不堪⑫驱使,徒⑬留无所施⑭。便可白公姥⑮,及时相遣归。"

府吏得闻之,堂上启阿母:"儿已薄禄相⑯,幸复得此妇,结发⑰同枕席,黄泉共为友。共事二三年,始尔⑱未为久。女行无偏斜,何意致不厚⑲?"

阿母谓府吏:"何乃太区区⑳!此妇无礼节,举动自专由㉑。吾意久怀忿,汝岂得自由!东家有贤㉒女,自名秦罗敷。可怜㉓体无比,阿母为汝求。便可速遣之,遣去慎莫留!"

府吏长跪告:"伏惟㉔启阿母:今若遣此妇,终老不复取㉕!"

阿母得闻之,槌床㉖便大怒:"小子无所畏,何敢助妇语!吾已失恩义,会不相从许㉗!"

府吏默无声,再拜还入户。举言㉘谓新妇㉙,哽咽不能语:"我自不驱卿,逼迫有阿母。卿但暂还家,吾今且报府㉚。不久当归还,还必相迎取。以此下心意㉛,慎勿违吾语。"

新妇谓府吏:"勿复重纷纭㉜!往昔初阳岁㉝,谢㉞家来贵门。奉事循公姥,进止敢自专?昼夜勤作息㉟,伶俜萦苦辛㊱。谓言㊲无罪过,供养卒㊳大恩。仍更被驱遣,何言复来还?妾有绣腰襦㊴,葳蕤㊵自生光。红罗复斗帐,四角垂香囊。箱帘㊶六七十,绿碧青丝绳。物物各自异,种种在其中。人贱物亦鄙,不足迎后人㊷。留待作遗施㊸,于今无会因㊹。时时为安慰,久久莫相忘。"

鸡鸣外欲曙,新妇起严妆㊺。著我绣夹裙,事事四五通㊻。足下蹑㊼丝履,头上玳瑁㊽光。腰若流纨素,耳著明月珰㊾。指如削葱根,口如含朱丹。纤纤作细步,精妙世无双。

上堂拜阿母,阿母怒不止。"昔作女儿时㊿,生小出野里[51]。本自无教训,兼愧[52]贵家子。受母钱帛多,不堪母驱使。今日还家去,念母劳家里。"却[53]与小姑别,泪落连珠子。"新妇初来时,小姑始扶床。今日被驱遣,小姑如我长。勤心养公姥,好自相扶将[54]。初七及下九[55],嬉戏莫相忘。"出门登车去,涕落百余行。

府吏马在前,新妇车在后。隐隐[56]何甸甸,俱会大道口。下马入车中,低头共耳语:"誓不相隔卿,且暂还家去,吾今且赴府。不久当还归。誓天不相负。"[57]

新妇谓府吏:"感君区区[58]怀。君既若见录[59],不久望君来。君当作磐石,妾当作蒲苇。蒲苇纫[60]如丝,磐石无转移。我有亲父兄[61],性行暴如雷。恐不任我意,逆[62]以煎我怀。"举手长劳劳[63],二情同依依。

入门上家堂,进退无颜仪[64]。阿母大拊掌[65],不图子自归[66]!十三教汝织,十四能裁衣,十五弹箜篌,十六知礼仪,十七遣汝嫁,谓言无誓违[67]。汝今何罪过,不迎而自归? 兰芝惭阿母:"儿实无罪过。"阿母大悲摧[68]。

还家十余日,县令遣媒来。云有第三郎,窈窕[69]世无双。年始十八九,便言多令才[70]。

阿母谓阿女:"汝可去应之。"

阿女含泪答:"兰芝初还时,府吏见丁宁[71],结誓不别离。今日违情义,恐此事非奇[72]。自可断来信[73],徐徐更谓之[74]。"

阿母白媒人:"贫贱有此女,始适[75]还家门,不堪[76]吏人妇,岂合令郎君? 幸可广问讯,不得便相许。"媒人去数日,寻遣丞请还,说"有兰家女,丞籍有宦官[77]"。云"有第五郎,娇逸[78]未有婚。遣丞为媒人,主簿[79]通语言"。直说"太守家,有此令郎君,既欲结大义,故遣来贵门"。

阿母谢媒人:"女子先有誓,老姥岂敢言?"

阿兄得闻之,怅然心中烦。举言谓阿妹:"作计[80]何不量[81]! 先嫁得府吏,后嫁得郎君,否泰[82]如天地,足以荣汝身。不嫁义郎[83]体,其往欲何云[84]?"

兰芝仰头答:"理实如兄言,谢家事夫婿,中道还兄门,处分[85]适[86]兄意,那得自任专? 虽与府吏要[87],渠会[88]永无缘。登即[89]相许和,便可作婚姻。"

媒人下床去,诺诺复尔尔[90]。还部白府君[91]:"下官[92]奉使命,言谈大有缘[93]。"府君得闻之,心中大欢喜。视历[94]复开书,便利此月内,六合[95]正相应。"良吉三十日,今已二十七,卿[96]可去成婚。"交语[97]速装束,络绎如浮云。青雀白鹄舫[98],四角龙子幡[99],婀娜[100]随风转。金车玉作轮,踯躅[101]青骢马[102],流苏[103]金镂鞍。赍[104]钱三百万,皆用青丝穿。杂彩[105]三百匹,交广[106]市鲑[107]珍。从人四五百,郁郁[108]登郡门。

阿母谓阿女:"适[109]得府君书,明日来迎汝。何不作衣裳? 莫令事不举[110]!"

阿女默无声,手巾掩口啼,泪落便如泻。移我琉璃榻[111],出置前窗下。左手持刀尺,右手执绫罗。朝成绣夹裙,晚成单罗衫。晻晻[112]日欲暝,愁思出门啼。

府吏闻此变,因求假暂归。未至二三里,摧藏[113]马悲哀。新妇识马声,蹑履相逢迎。怅然遥相望,知是故人来。举手拍马鞍,嗟叹使心伤。"自君别我后,人事不可量[114]。果不如先愿,又非君所详。我有亲父母[115],逼迫兼弟兄[116],以我应他人,君还何所望!"

府吏谓新妇:"贺卿得高迁! 磐石方且厚,可以卒千年。蒲苇一时纫,便作旦夕间。卿当日胜贵[117],吾独向黄泉。"

新妇谓府吏:"何意出此言! 同是被逼迫,君尔妾亦然。黄泉下相见,勿违今日言!"执手分道去,各各还家门。生人作死别,恨恨⑱那可论! 念与世间辞,千万不复全。

府吏还家去,上堂拜阿母:"今日大风寒,寒风摧树木,严霜结庭兰。儿今日冥冥⑲,令母在后单⑳。故㉑作不良计㉒,勿复怨鬼神! 命如南山石,四体㉓康且直㉔。"

阿母得闻之,零泪应声落:"汝是大家子,仕宦于台阁㉕。慎勿为妇死,贵贱情何薄㉖? 东家有贤女,窈窕艳城郭。阿母为汝求,便复在旦夕。"

府吏再拜还,长叹空房中,作计乃尔立㉗,转头向户里,渐见愁煎迫。

其日牛马嘶,新妇入青庐㉘。奄奄㉙黄昏㉚后,寂寂人定初。"我命绝今日,魂去尸长留。"揽裙脱丝履,举身赴清池。

府吏闻此事,心知长别离。徘徊庭树下,自挂东南枝。

两家求合葬,合葬华山㉛傍。东西植松柏,左右种梧桐。枝枝相覆盖,叶叶相交通㉜。中有双飞鸟,自名为鸳鸯,仰头相向鸣,夜夜达五更。行人驻足㉝听,寡妇起彷徨。多谢㉞后世人,戒之慎勿忘!

(选自南朝陈徐陵编《玉台新咏》,中华书局 1985 年版)

注 释

①建安中:建安(196—219)年间。建安,东汉献帝刘协的年号。

②庐江:汉代郡名,郡城在今安徽潜山一带。

③遣:女子出嫁后被夫家赶回娘家。

④云尔:句末语气词。如此而已。

⑥素:白绢。

⑦箜篌(kōng hóu):古代的一种弦乐器,形如筝、瑟。

⑧诗书:原指《诗经》和《尚书》,这里泛指儒家的经书。

⑨守节:遵守府里的规则。

⑩断:(织成一匹)截下来。

⑪大人故嫌迟:婆婆故意嫌我织得慢。大人,对长辈的尊称,这里指婆婆。

⑫不堪:不能胜任。

⑬徒:徒然,白白地。

⑭施:用。

⑮白公姥(mǔ):禀告婆婆。白,告诉,禀告。公姥,公公婆婆,这里是偏义复

词,专指婆婆。

⑯薄禄相:官禄微薄的相貌。

⑰结发:束发。古时候的人到了一定的年龄(男子20岁,女子15岁)才把头发结起来,算是到了成年,可以结婚了。

⑱始尔:刚开始。尔,助词,无义;一说是代词,这样。

⑲致不厚:招致不喜欢。

⑳区区:小,这里指见识短浅。

㉑自专由:与下句"汝岂得自由"中的"自由"都是自作主张的意思。

㉒贤:这里指聪明贤惠。

㉓可怜:可爱。

㉔伏惟:趴在地上想。古代下级对上级或小辈对长辈说话表示恭敬的习惯用语。

㉕取:通"娶",娶妻。

㉖床:古代的一种坐具。

㉗会不相从许:当然不能答应你的要求。会,当然,必定。

㉘举言:发言,开口。

㉙新妇:媳妇(不是新嫁娘)。"新妇"是汉代末年对已嫁妇女的通称。

㉚报府:赴府,指回到庐江太守府。

㉛下心意:低心下意,受些委屈。

㉜勿复重(chóng)纷纭:不必再添麻烦吧。也就是说,不必再提接她回来的话了。

㉝初阳岁:农历冬末春初。

㉞谢:辞别。

㉟作息:原意是工作和休息,这里是偏义复词,专指工作。

㊱伶俜(pīng)萦(yíng)苦辛:孤孤单单,受尽辛苦折磨。伶俜,孤单的样子。萦,缠绕。

㊲谓言:总以为。

㊳卒:完成,引申为报答。

㊴绣腰襦(rú):绣花的齐腰短袄。

㊵葳蕤(wēi ruí):草木繁盛的样子,这里形容短袄上刺绣的花叶繁多而美丽。

㊶箱帘:箱,衣箱。帘,通"奁",古代妇女梳妆用的镜匣。

㊷后人：指府吏将来再娶的妻子。

㊸遗（wèi）施：赠送，施与。

㊹会因：会面的机会。

㊺严妆：整妆，郑重地梳妆打扮。

㊻通：次，遍。

㊼蹑（niè）：踩，踏，这里指穿鞋。

㊽玳瑁（dài mào）：一种同龟相似的爬行动物，甲壳可制装饰品。

㊾珰（dāng）：耳坠。

㊿昔作女儿时：以下八句是仲卿妻对焦母告别时说的话。

(51)野里：乡间。

(52)兼愧：更有愧于……

(53)却：从堂上退下来。

(54)扶将：扶持，搀扶。这里是服侍的意思。

(55)初七及下九：七月七日和每月的十九日。初七，指农历七月七日，旧时妇女在这天晚上在院子里陈设瓜果，向织女星祈祷，祈求提高刺绣缝纫技巧，称为“乞巧”。下九，古人以每月的二十九为上九，初九为中九，十九为下九。在汉朝时候，每月十九日是妇女欢聚的日子。

(56)隐隐：和下面的“甸甸”都是象声词，指车声。

(57)誓不相隔卿……誓天不相负：这是府吏对兰芝说的话。

(58)区区：这里是诚挚的意思，与上面“何乃太区区”中的“区区”意思不同。

(59)若见录：如此记住我。见录，记着我。见，被。录，记。

(60)纫：通“韧”，柔韧牢固。

(61)亲父兄：即同胞兄。一说“父兄”为偏义复词，这里专指“兄长”。

(62)逆：逆料，想到将来。

(63)劳劳：怅惘若失的样子。

(64)颜仪：脸面，面子。

(65)拊（fǔ）掌：拍手，这里表示惊异。

(66)子自归：你自己回来。意思是，没料到女儿竟被驱遣回家。古代女子出嫁以后，一定要娘家得到婆家的同意，派人迎接，才能回娘家。下文“不迎而自归”，也是按这种规矩说的责备的话。

(67)无誓违：不会有什么过失。誓，似应作“諐”。諐，“愆（qiān）”字，愆违，过失。

㊽悲摧：悲痛，伤心。

㊾窈窕(yǎo tiǎo)：容貌体态美好的样子。

⑺便(pián)言多令才：口才很好，又多才能。便言，很会说话。令，美好。

⑺见丁宁：嘱咐我。丁宁，嘱咐，后写作"叮咛"。

⑺非奇：不宜，不妥。

⑺断来信：回绝来做媒的人。断，回绝。信，使者，指媒人。

⑺更谓之：再谈它。之，指再嫁的事。

⑺适：出嫁。

⑺不堪：这里是"不能做"的意思。

⑺媒人去数日……丞籍有宦官：这几句可能有文字脱漏或错误，因此无法解释清楚。这里列出部分字的意义解释。寻，随即，不久。丞，县丞，官名。承籍，承继先人的仕籍。宦官，即"官宦"，指做官的人。

⑺娇逸：娇美文雅。

⑺主簿：太守的属官。

⑻作计：拿主意，打算。

⑻量(liáng)：考虑。

⑻否(pǐ)泰：都是《易经》中的卦名。这里指运气的好坏。否，坏运气。泰，好运气。

⑻义郎：男子的美称，这里指太守的儿子。

⑻其往欲何云：往后打算怎么办。其往，其后，将来。何云，这里指怎么办。

⑻处分：处置。

⑻适：依照。

⑻要(yāo)：相约。

⑻渠(qú)会：同他相会。

⑻登即：立即。

⑼尔尔：如此如此。等于说"就这样，就这样"。

⑼府君：对太守的尊称。

⑼下官：县丞自称。

⑼缘：缘分。

⑼视历：翻看历书。

⑼六合：古时候迷信的人，结婚要选好日子，要年、月、日的干支(干，天干，甲、

乙、丙、丁……支,地支,子、丑、寅、卯……)合起来都相适合,这叫"六合"。

⑯卿:你,指县丞。

⑰交语:交相传话。

⑱舫(fǎng):船。

⑲龙子幡(fān):绣龙的旗帜。

⑩婀娜(ē nuó):轻轻飘动的样子。

⑪踯躅(zhí zhú):缓慢不进的样子。

⑫青骢(cōng)马:青白杂毛的马。

⑬流苏:用五彩羽毛做的下垂的缨子。

⑭赍(jī):赠送。

⑮杂彩:各种颜色的绸缎。

⑯交广:交州、广州,古代郡名,这里泛指今广东、广西一带。一说,"交"通"教"。

⑰鲑(xié):这里是鱼类菜肴的总称。

⑱郁郁:繁盛的样子。

⑲适:刚才。

⑩不举:办不成。

⑪榻(tà):坐具。

⑫晻晻(yǎn yǎn):日色昏暗无光的样子。

⑬摧藏(zàng):摧折心肝。藏,脏腑。

⑭人事不可量:人间的事不能预料。

⑮父母:这里偏指母。

⑯弟兄:这里偏指兄。

⑰日胜贵:一天比一天高贵。

⑱恨恨:抱恨不已,这里指极度无奈。

⑲日冥冥:原意是日暮,这里用太阳下山来比喻生命的终结。

⑳单:孤单。

㉑故:有意,故意。

㉒不良计:不好的打算(指自杀)。

㉓四体:四肢,这里指身体。

㉔直:意思是腰板硬朗。

⑫台阁:原指尚书台,这里泛指大的重府。

⑫情何薄:怎能算是薄情。

⑫乃尔立:就这样决定。

⑱青庐:用青布搭成的篷帐,举行婚礼的地方。

⑫奄奄:通"晻晻",日色昏暗无光的样子。

⑬黄昏:古时计算时间按十二地支将一日分为十二个"时辰"。"黄昏"是"戌时"(相当于现代的晚上7时至9时)。下句的"人定"是"亥时"(相当于现代的晚上9时至11时)。

⑬华山:庐江郡内的一座小山。

⑬交通:交错,这里指挨在一起。

⑬驻足:停步。

⑭谢:告诉。

◎ 学习活动

一、填一填

1.《孔雀东南飞》原题为《古诗为焦仲卿妻作》,选自南朝陈徐陵编的《玉台新咏》,是我国古代最早的(   ),也是古乐府民歌的代表作之一,与北朝的(《   》)合称"乐府双璧"。这首诗的开头"(   ),(   )"是民歌常用的比兴手法。

2. 诗中作者用一连串夸张性的铺陈写兰芝离家时的打扮。描绘兰芝"腰、耳、指、口"之美的诗句依次是(   ),(   )。(   ),(   )。

二、做一做

解释下列加点的字词。

1. 便可白公姥,及时相遣归。

2. 吾意久怀忿,汝岂得自由?

3. 虽与府吏要,渠会永无缘。

4. 可怜体无比,阿母为汝求。

5. 却与小姑别,泪落连珠子。

6. 处分适兄意,那得自任专!

7. 念与世间辞,千万不复全。

三、想一想

1. 这首诗叙述了一个爱情悲剧故事,这场悲剧是如何产生的?

2. 刘兰芝的形象有哪些动人之处?

3. 有人认为焦仲卿性格软弱,你同意吗?

四、找一找

这首诗很善于刻画人物在不同情境下的不同表现,如府吏"举言谓新妇"几句和"低头共耳语"几句,意思大体相同,却不能互相切换;又如面对母亲、兄长的劝嫁,兰芝对母亲是"含泪答",对兄长则是"仰头答",试对此做具体分析。你还能从诗中找到一些例子吗?

第 三 单元

Chapter THREE

人生百味

　　人生总是苦乐参半：知其乐，忘其苦；明其心，苦其志。生老病死，爱恨情仇，悲欢离合，阴晴圆缺。凡此种种，都是人生表象。对于个中滋味，不同的人有着不同的体验，可谓酸甜苦辣咸，故称"百味人生。"

　　对于人生的体验，需要我们慢慢去品读。品读生活，要先学会品读他人，因为这是一种沟通，一种学习。还要学会品读失败与痛苦，因为这是一种面对，一种感悟。除此之外，还要学会品读成功与喜悦。因为这是一种满足，更是一种超越。

　　同学们，当我们走过一段生活，是不是会有一种新的认识：日出，看希望；日落，怀梦想；成功，更自信；挫败，愈坚强。

　　本单元篇目中的主人公，无论是寄人篱下的林黛玉，还是心气太高的马蒂尔德，无论是遭遇坎坷的鲁侍萍，还是想埋掉自由的挖坟者，都是作者对人生际遇的一种阐释和体验。让我们跟随文学的脚步，去品百味生活，悟人生真谛吧！

林黛玉进贾府 ｜ 曹雪芹

◎ 小试牛刀

猜红楼人物

《红楼梦》中很多人物的名字,其谐音都有特殊的意寓,或讽刺,或感叹,这是红楼梦的艺术表现手法之一。脂砚斋的批语指出了部分人名的隐意,你能猜出下列隐意所对应的人物吗?

1. 踏雪寻梅——   2. 三八多面手——

3. 爆竹除旧——   4. 假宝玉——

5. 怜待玉——   6. 假正——

7. 真事隐——   8. 真应怜——

◎ 开心一刻

《红楼梦》的外文译名

在中国,《红楼梦》本来就有多个名字,最为著名的是《石头记》和《红楼梦》。虽然严格说起来《石头记》和《红楼梦》并非完全等同,但八十回的故事还是相当的。而这两个名字的存在,也使《红楼梦》的外文译名有了两个根据。

一是依据《石头记》的,如英国企鹅出版集团出版的 The Story of the Stone(《石头的故事》);二是依据《红楼梦》的,如 A Dream of Red Mansions(《红色豪宅里的梦》),A Dream of Red Chamber(《红色房间里的梦》)。

也有比较离谱的,译成 The Cowherd and the Weaving Girl(《牛郎和织女》)。贾宝玉和林黛玉都在贾府,不见得有空间阻隔,阻隔他们的,也许就是"世界上最遥远的距离，不是生与死之间的距离，而是明明相爱，却不能一起"，这等同了银河，于是把贾宝玉说成是牛郎，把林黛玉说成织女。不过，中国已经有了牛郎和织女的故事，所以这个译法离谱了。

你知道其他名著的译名吗？

◎ **选文**

　　且说黛玉自那日弃舟登岸时，便有荣国府打发了轿子并拉行李的车辆久候了。这林黛玉常听得母亲说过，他①外祖母家与别家不同。他近日所见的这几个三等仆妇，吃穿用度，已是不凡了，何况今至其家。因此步步留心，时时在意，不肯轻易多说一句话，多行一步路，惟恐被人耻笑了他去。自上了轿，进入城中，从纱窗向外瞧了一瞧，其街市之繁华，人烟之阜盛②，自与别处不同。又行了半日，忽见街北蹲着两个大石狮子，三间兽头大门③，门前列坐着十来个华冠丽服之人。正门却不开，只有东西两角门有人出入。正门之上有一匾，匾上大书"敕造④宁国府"五个大字。黛玉想道：这必是外祖之长房了。想着，又往西行，不多远，照样也是三间大门，方是荣国府了。却不进正门，只进了西边角门。那轿夫抬进去，走了一射之地⑤，将转弯时，便歇下退出去了。后面的婆子们已都下了轿，赶上前来。另换了三四个衣帽周全十七八岁的小厮⑥上来，林黛玉进贾府复抬起轿子。众婆子步下围随至一垂花门⑦前落下。众小厮退出，众婆子上来打起轿帘，扶黛玉下轿。林黛玉扶着婆子的手，进了垂花门，两边是抄手游廊⑧，当中是穿堂⑨，当地放着一个紫檀架子大理石的大插屏⑩。转过插屏，小小的三间厅，厅后就是后面的正房大院。正面五间上房，皆雕梁画栋，两边穿山游廊⑪厢房，挂着各色鹦鹉、画眉等鸟雀。台矶之上，坐着几个穿红着绿的丫头，一见他们来了，便忙都笑迎上来，说："刚才老太太还念呢，可巧就来了。"于是三四人争着打起帘笼，一面听得人回话："林姑娘到了。"

　　黛玉方进入房时，只见两个人搀着一位鬓发如银的老母迎上来，黛玉便知是他外祖母。方欲拜见时，早被他外祖母一把搂入怀中，心肝儿肉叫着大哭起来。当下地下侍立之人，无不掩面涕泣，黛玉也哭个不住。一时众人慢慢解劝住了，黛玉方拜见了外祖母。——此即冷子兴⑫所云之史氏太君，贾赦贾政之母也。当下贾母一一指与黛玉："这是你大舅母；这是你二舅母；这是你先珠大哥⑬的媳妇珠大嫂子。"黛玉一一拜见过。贾母又说："请姑娘们来。今日远客才来，可以不必上学去了。"众人答应了一声，便去了两个。

不一时，只见三个奶嬷嬷[14]并五六个丫鬟，簇拥着三个姊妹来了。第一个肌肤微丰，合中身材，腮凝新荔，鼻腻鹅脂，温柔沉默，观之可亲。第二个削肩细腰，长挑身材，鸭蛋脸面，俊眼修眉，顾盼神飞，文彩精华，见之忘俗。第三个身量未足，形容[15]尚小。其钗环裙袄，三人皆是一样的妆饰。黛玉忙起身迎上来见礼，互相厮认[16]过，大家归了坐。丫鬟们斟上茶来。不过说些黛玉之母如何得病，如何请医服药，如何送死发丧。不免贾母又伤感起来，因说："我这些儿女，所疼者独有你母，今日一旦先舍我而去，连面也不能一见，今见了你，我怎不伤心！"说着，搂了黛玉在怀，又呜咽起来。众人忙都宽慰解释，方略略止住。

众人见黛玉年貌[17]虽小，其举止言谈不俗，身体面庞虽怯弱[18]不胜，却有一段自然的风流[19]态度[20]，便知他有不足之症[21]。因问："常服何药，如何不急为疗治？"黛玉道："我自来是如此，从会吃饮食时便吃药，到今日未断，请了多少名医修方配药，皆不见效。那一年我三岁时，听得说来了一个癞头和尚，说要化[22]我去出家，我父母固是不从。他又说：'既舍不得他，只怕他的病一生也不能好的了。若要好时，除非从此以后总不许见哭声；除父母之外，凡有外姓亲友之人，一概不见，方可平安了此一世。'疯疯癫癫，说了这些不经[23]之谈，也没人理他。如今还是吃人参养荣丸。"贾母道："正好，我这里正配丸药呢。叫他们多配一料就是了。"

一语未了，只听后院中有人笑声，说："我来迟了，不曾迎接远客！"黛玉纳罕道："这些人个个皆敛声屏气，恭肃严整如此，这来者系谁，这样放诞[24]无礼？"心下想时，只见一群媳妇丫鬟围拥着一个人从后房门进来。这个人打扮与众姑娘不同，彩绣辉煌，恍若神妃仙子：头上戴着金丝八宝攒珠髻[25]，绾着朝阳五凤挂珠钗[26]；项上戴着赤金盘螭璎珞圈[27]；裙边系着豆绿宫绦[28]，双衡比目玫瑰佩[29]；身上穿着缕金百蝶穿花大红洋缎窄裉袄[30]，外罩五彩刻丝石青银鼠褂[31]；下着翡翠撒花洋绉裙[32]。一双丹凤三角眼[33]，两弯柳叶吊梢眉[34]，身量苗条，体格风骚[35]，粉面含春[36]威不露，丹唇未启笑先闻。黛玉连忙起身接见。贾母笑道："你不认得他。他是我们这里有名的一个泼皮破落户儿[37]，南省[38]俗谓作'辣子'[39]，你只叫他'凤辣子'就是了。"黛玉正不知以何称呼，只见众姊妹都忙告诉他道："这是琏嫂子。"黛玉虽不识，也曾听见母亲说过，大舅贾赦之子贾琏，娶的就是二舅母王氏之内侄女，自幼假充男儿教养的，学名王熙凤。黛玉忙陪笑见礼，以"嫂"呼之。这熙凤携着黛玉的手，上下细细打谅[40]了一回，仍送至贾母身边坐下，因笑道："天下真有这样标致的人物，我今儿才算见了！况且这通身的气派，竟不像老祖宗的外孙女儿，竟是个嫡亲的孙女，怨不得老祖宗天天口头心头一时不忘。只可怜我这妹妹这样命苦，怎么姑妈偏就去世了！"说着，便用帕拭泪。贾母笑道:"我才好了,你倒来招我。你妹妹远路才来,身子又弱,也才劝住了,快再休提前话。"这熙凤听了,忙转悲为喜道:"正是呢!我一见了妹妹,一心都在他身上了,又是喜欢,又是伤心,竟忘记了老祖宗。该打,该打!"又忙携黛玉之手,问:"妹妹几岁了?可也上过学?现吃什么药?在这里不要想家,想要什么吃的、什么玩的,只管告诉我;丫头老婆们不好了也只管告诉我。"一面又问婆子们:"林姑娘的行李东西可搬进来了?带了几个人来?你们赶早打扫两间下房㊶,让他们去歇歇。"

说话时,已摆了茶果上来。熙凤亲为捧茶捧果。又见二舅母问他:"月钱㊷放过了不曾?"熙凤道:"月钱已放完了。才刚带着人到后楼上找缎子,找了这半日,也并没有见昨日太太说的那样的,想是太太记错了?"王夫人道:"有没有,什么要紧。"因又说道:"该随手拿出两个来给你这妹妹去裁衣裳的,等晚上想着叫人再去拿罢,可别忘了。"熙凤道:"这倒是我先料着了,知道妹妹不过这两日到的,我已预备下了,等太太回去过了目好送来。"王夫人一笑,点头不语。

当下茶果已撤,贾母命两个老嬷嬷带了黛玉去见两个母舅。时贾赦之妻邢氏忙亦起身,笑回道:"我带了外甥女过去,倒也便宜㊸。"贾母笑道:"正是呢,你也去罢,不必过来了。"邢夫人答应了一声"是"字,遂带了黛玉与王夫人作辞,大家送至穿堂前。出了垂花门,早有众小厮们拉过一辆翠幄青绸车㊹,邢夫人携了黛玉,坐在上面,众婆子们放下车帘,方命小厮们抬起,拉至宽处,方驾上驯骡,亦出了西角门,往东过荣府正门,便入一黑油大门中,至仪门㊺前方下来。众小厮退出,方打起车帘,邢夫人搀着黛玉的手,进入院中。黛玉度其房屋院宇,必是荣府中花园隔断过来的。进入三层仪门,果见正房厢庑㊻游廊,悉皆小巧别致,不似方才那边轩峻壮丽;且院中随处之树木山石皆在。一时进入正室,早有许多盛妆丽服之姬妾丫鬟迎着,邢夫人让黛玉坐了,一面命人到外面书房去请贾赦。一时人来回话说:"老爷说了:'连日身上不好,见了姑娘彼此倒伤心,暂且不忍相见。劝姑娘不要伤心想家,跟着老太太和舅母,即同家里一样。姊妹们虽拙,大家一处伴着,亦可以解些烦闷。或有委屈之处,只管说得,不要外道才是。'"黛玉忙站起来,一一听了。再坐一刻,便告辞。邢夫人苦留吃过晚饭去,黛玉笑回道:"舅母爱惜赐饭,原不应辞,只是还要过去拜见二舅舅,恐领了赐去不恭,异日再领,未为不可。望舅母容谅。"邢夫人听说,笑道:"这倒是了。"遂令两三个嬷嬷用方才的车好生送了姑娘过去。于是黛玉告辞。邢夫人送至仪门前,又嘱咐了众人几句,眼看着车去了方回来。

一时黛玉进了荣府,下了车。众嬷嬷引着,便往东转弯,穿过一个东西的穿堂,向南大厅之后，仪门内大院落，上面五间大正房，两边厢房鹿顶耳房钻山⁴⁷，四通八达，轩昂壮丽，比贾母处不同。黛玉便知这方是正经正内室，一条大甬路⁴⁸，直接出大门的。进入堂屋中，抬头迎面先看见一个赤金九龙青地大匾，匾上写着斗大的三个大字，是"荣禧堂"，后有一行小字："某年月日，书赐荣国公贾源。"又有"万几宸翰之宝⁴⁹"。大紫檀雕螭案上，设着三尺来高青绿古铜鼎，悬着待漏随朝墨龙大画⁵⁰，一边是金蜼彝⁵¹，一边是玻璃盒⁵²。地下两溜十六张楠木交椅，又有一副对联，乃乌木联牌，镶着錾银⁵³的字迹，道是：

座上珠玑昭日月，堂前黼黻焕烟霞⁵⁴。

下面一行小字，道是："同乡世教弟勋袭东安郡王穆莳拜手书。"

原来王夫人时常居坐宴息⁵⁵，亦不在这正室，只在这正室东边的三间耳房内。于是老嬷嬷引黛玉进东房门来。临窗大炕上铺着猩红洋罽⁵⁶，正面设着大红金钱蟒靠背，石青金钱蟒引枕⁵⁷，秋香色⁵⁸金钱蟒大条褥。两边设一对梅花式洋漆小几。左边几上文王鼎匙箸香盒⁵⁹；右边几上汝窑美人觚⁶⁰——觚内插着时鲜花卉，并茗碗⁶¹痰盒等物。地下面西一溜四张椅上，都搭着银红撒花椅搭⁶²，底下四副脚踏。椅之两边，也有一对高几，几上茗碗瓶花俱备。其余陈设，自不必细说。老嬷嬷们让黛玉炕上坐，炕沿上却有两个锦褥对设，黛玉度其位次，便不上炕，只向东边椅子上坐了。本房内的丫鬟忙捧上茶来。黛玉一面吃茶，一面打谅这些丫鬟们，妆饰衣裙，举止行动，果亦与别家不同。

茶未吃了，只见一个穿红绫袄青缎掐牙⁶³背心的丫鬟走来笑说道："太太说，请林姑娘到那边坐罢。"老嬷嬷听了，于是又引黛玉出来，到了东廊三间小正房内。正房炕上横设一张炕桌，桌上磊着⁶⁴书籍茶具，靠东壁面西设着半旧的青缎靠背引枕。王夫人却坐在西边下首，亦是半旧的青缎靠背坐褥。见黛玉来了，便往东让。黛玉心中料定这是贾政之位。因见挨炕一溜三张椅子上，也搭着半旧的弹墨椅袱⁶⁵，黛玉便向椅上坐了。王夫人再四携他上炕，他方挨王夫人坐了。王夫人因说："你舅舅今日斋戒去了，再见罢。只是有一句话嘱咐你：你三个姊妹倒都极好，以后一处念书认字学针线，或是偶一顽笑⁶⁶，都有尽让的。但我不放心的最是一件：我有一个孽根祸胎⁶⁷，是家里的'混世魔王'，今日因庙里还愿去了，尚未回来，晚间你看见便知了。你只以后不要睬他，你这些姊妹都不敢沾惹他的。"

黛玉亦常听得母亲说过，二舅母生的有个表兄，乃衔玉而诞，顽劣异常，极恶读书，最喜在内帏⁶⁸厮混⁶⁹；外祖母又极溺爱，无人敢管。今见王夫人如此说，便知说的是这表兄了。因陪笑道："舅母说的，可是衔玉所生的这位哥哥？在家时亦曾听见母亲常说，这位哥哥比我大一岁，小名就唤宝玉，虽极憨顽⑦，说在姊妹情中极好的。况我来了，自然只和姊妹同处，兄弟们自是别院另室的，岂得去沾惹之理？"王夫人笑道："你不知道原故：他与别人不同，自幼因老太太疼爱，原系同姊妹们一处娇养惯了的。若姊妹们有日不理他，他倒还安静些，纵然他没趣，不过出了二门，背地里拿着他两个小幺儿⑦出气，咕唧一会子就完了。若这一日姊妹们和他多说一句话，他心里一乐，便生出多少事来。所以嘱咐你别睬他。他嘴里一时甜言蜜语，一时有天无日，一时又疯疯傻傻，只休信他。"

黛玉一一的都答应着。只见一个丫鬟来回："老太太那里传晚饭了。"王夫人忙携黛玉从后房门由后廊往西，出了角门，是一条南北宽夹道。南边是倒座⑦三间小小的抱厦厅⑦，北边立着一个粉油大影壁⑦，后有一半大门，小小一所房室。王夫人笑指向黛玉道："这是你凤姐姐的屋子，回来你好往这里找他来，少什么东西，你只管和他说就是了。"这院门上也有四五个才总角的小厮，都垂手侍立。王夫人遂携黛玉穿过一个东西穿堂，便是贾母的后院了。于是，进入后房门，已有多人在此伺候，见王夫人来了，方安设桌椅。贾珠之妻李氏捧饭，熙凤安箸，王夫人进羹。贾母正面榻上独坐，两边四张空椅，熙凤忙拉了黛玉在左边第一张椅上坐了，黛玉十分推让。贾母笑道："你舅母你嫂子们不在这里吃饭。你是客，原应如此坐的。"黛玉方告了座⑦，坐了。贾母命王夫人坐了。迎春姊妹三个告了座方上来。迎春便坐右手第一，探春左第二，惜春右第二。旁边丫鬟执着拂尘⑦、漱盂、巾帕。李、凤二人立于案旁布让⑦。外间伺候之媳妇丫鬟虽多，却连一声咳嗽不闻。寂然饭毕，各有丫鬟用小茶盘捧上茶来。当日林如海教女以惜福⑦养身，云饭后务待饭粒咽尽，过一时再吃茶，方不伤脾胃。今黛玉见了这里许多事情不合家中之式，不得不随的，少不得一一改过来，因而接了茶。早见人又捧过漱盂来，黛玉也照样漱了口。盥手毕，又捧上茶来，这方是吃的茶。贾母便说："你们去罢，让我们自在说话儿。"王夫人听了，忙起身，又说了两句闲话，方引凤、李二人去了。贾母因问黛玉念何书。黛玉道："只刚念了《四书》⑦。"黛玉又问姊妹们读何书。贾母道："读的是什么书，不过是认得两个字，不是睁眼的瞎子罢了！"

一语未了，只听外面一阵脚步响，丫鬟进来笑道："宝玉来了！"黛玉心中正疑惑着："这个宝玉，不知是怎生个惫懒⑧人物，懵懂⑧顽童？"——倒不见那蠢物也罢了。心中想着，忽见丫鬟话未报完，已进来了一位年轻的公子：头上戴着束发嵌宝紫金冠⑧，齐眉勒着二龙抢珠金抹额⑧；穿一件二色金百蝶穿花大红箭袖⑧，束着五彩丝攒花结长穗宫绦⑧，外罩石青起花八团倭缎排穗褂⑧；登着青缎粉底小朝靴⑧。面若中秋之月,色如春晓之花,鬓若刀裁,眉如墨画,面如桃瓣,目若秋波。虽怒时而若笑,即瞋视而有情。项上金螭璎珞,又有一根五色丝绦,系着一块美玉。黛玉一见,便吃一大惊,心下想道:"好生奇怪,倒像在那里见过一般,何等眼熟到如此!"只见这宝玉向贾母请了安⑧,贾母便命:"去见你娘来。"宝玉即转身去了。一时回来,再看,已换了冠带:头上周围一转的短发,都结成小辫,红丝结束⑧,共攒至顶中胎发,总编一根大辫,黑亮如漆,从顶至梢,一串四颗大珠,用金八宝坠角⑩;身上穿着银红撒花半旧大袄,仍旧带着项圈、宝玉、寄名锁⑪、护身符⑫等物;下面半露松花撒花绫裤腿,锦边弹墨袜,厚底大红鞋。越显得面如敷粉,唇若施脂;转盼多情,语言常笑。天然一段风骚⑬,全在眉梢;平生万种情思,悉堆眼角。看其外貌最是极好,却难知其底细。后人有《西江月》二词⑭,批宝玉极恰,其词曰:

无故寻愁觅恨,有时似傻如狂。纵然生得好皮囊⑮,腹内原来草莽⑯。潦倒⑰不通世务,愚顽怕读文章。行为偏僻⑱性乖张⑲,那管世人诽谤!

富贵不知乐业,贫穷难耐凄凉。可怜辜负好韶光⑩,于国于家无望。天下无能第一,古今不肖无双。寄言纨袴与膏粱:莫效此儿形状⑩!

贾母因笑道:"外客未见,就脱了衣裳,还不去见你妹妹!"宝玉早已看见多了一个姊妹,便料定是林姑妈之女,忙来作揖。厮见毕归坐,细看形容,与众各别:两弯似蹙非蹙罥烟眉⑩,一双似喜非喜含情目。态生两靥之愁,娇袭一身之病⑩。泪光点点,娇喘微微。闲静时如姣花照水,行动处似弱柳扶风。心较比干多一窍,病如西子胜三分⑩。宝玉看罢,因笑道:"这个妹妹我曾见过的。"贾母笑道:"可又是胡说,你又何曾见过他?"宝玉笑道:"虽然未曾见过他,然我看着面善,心里就算是旧相识,今日只作远别重逢,亦未为不可。"贾母笑道:"更好,更好,若如此,更相和睦了。"宝玉便走近黛玉身边坐下,又细细打量一番,因问:"妹妹可曾读书?"黛玉道:"不曾读,只上了一年学,些须⑩认得几个字。"宝玉又道:"妹妹尊名是那两个字?"黛玉便说了名。宝玉又问表字⑩。黛玉道:"无字。"宝玉笑道:"我送妹妹一妙字,莫若'颦颦'二字极妙。"探春便问何出。宝玉道:"《古今人物通考》⑩上说:'西方有石名黛,可代画眉之墨。'况这林妹妹眉尖若蹙,用取这两个字,岂不两妙!"探春笑道:"只恐又是你的杜撰。"宝玉笑道:"除《四书》外,杜撰的太多,偏只我是杜撰不成?"又问黛玉:"可也有玉没有?"众人不解其语,黛玉便忖度⑩着因他有玉,故问我有也无,因答道:"我没有那个。想来那玉是一件罕物,岂能人人有的。"宝玉听了,登时发作起痴狂病来,摘下那玉,就狠命摔去,骂道:"什么罕物,连人之高低不择,还说'通灵⑩'不'通灵'呢!我也不要这劳什子⑩了!"吓的众人一拥争去拾玉。贾母急的搂了宝玉道:"孽障⑪! 你生气,要打骂人容易,何苦摔那命根子!"宝玉满面泪痕泣道:"家里姐姐妹妹都没有,单我有,我说没趣;如今来了这们⑫一个神仙似的妹妹也没有,可知这不是个好东西。"贾母忙哄他道:"你这妹妹原有这个来的,因你姑妈去世时,舍不得你妹妹,无法处,遂将他的玉带了去了:一则全殉葬之礼,尽你妹妹之孝心;二则你姑妈之灵,亦可权作见了女儿之意。因此他只说没有这个,不便自己夸张之意。你如今怎比得他? 还不好生慎重戴上,仔细你娘知道了。"说着,便向丫鬟手中接来,亲与他戴上。宝玉听如此说,想一想大有情理,也就不生别论了。

当下,奶娘来请问黛玉之房舍。贾母说:"今将宝玉挪出来,同我在套间⑬暖阁儿⑭里,把你林姑娘暂安置碧纱橱⑮里。等过了残冬,春天再与他们收拾房屋,另作一番安置罢。"宝玉道:"好祖宗,我就在碧纱橱外的床上很妥当,何必又出来闹的老祖宗不得安静。"贾母想了一想说:"也罢了。"每人一个奶娘并一个丫头照管,余者在外间上夜听唤。一面早有熙凤命人送了一顶藕合色花帐,并几件锦被缎褥之类。

黛玉只带了两个人来:一个是自幼奶娘王嬷嬷,一个是十岁的小丫头,亦是自幼随身的,名唤作雪雁。贾母见雪雁甚小,一团孩气,王嬷嬷又极老,料黛玉皆不遂心省力的,便将自己身边的一个二等丫头,名唤鹦哥者与了黛玉。外亦如迎春等例,每人除自幼乳母外,另有四个教引嬷嬷⑯,除贴身掌管钗钏盥沐两个丫鬟外,另有五六个洒扫房屋来往使役的小丫鬟。当下,王嬷嬷与鹦哥陪侍黛玉在碧纱橱内。宝玉之乳母李嬷嬷,并大丫鬟名唤袭人者,陪侍在外面大床上。

（选自《红楼梦》第三回,人民文学出版社 1992 年版,原回目是"贾雨村夤(yín)缘复旧职,林黛玉抛父进京都"。）

注 释

①他:作品创作时,女性第三人称写作"他"。

②阜(fù)盛:兴旺繁盛。阜,多。

③兽头大门:装有兽头门环的大门。

④敕(chì)造:奉皇帝之命建造。敕,本来是自上命下的用语,南北朝以前通用于长官对下属、长辈对晚辈,以后作为皇帝发布诏令的专称。

⑤一射之地:就是一箭之地,大约一百五十步。

⑥小厮:年轻男仆。

⑦垂花门:旧时富家宅院,进入大门之后,内院院门一般有雕刻的垂花倒悬于

门额两侧,门上边盖有宫殿式的小屋顶,称垂花门。

⑧抄手游廊:院门内两侧环抱的走廊。抄手,左右环抱。

⑨穿堂:宅院中,坐落在前后两个院落之间可以穿行的厅堂。

⑩大插屏:放在穿堂中的大屏风,除做装饰外,还可以遮蔽视线,以免进入穿堂就直见正房。

⑪穿山游廊:从山墙开门接起的游廊。山,指山墙。房子两侧的墙,形状如山,俗称山墙。

⑫冷子兴:第二回中提到的一个人物,曾在京都古董行做生意。他向贾雨村"演说荣国府",说起过贾母:"自荣公死后,长子贾代善袭了官,娶的也是金陵世勋史侯家的小姐为妻,生了两个儿子,长子贾赦,次子贾政。"

⑬先珠大哥:即贾珠。他已经去世,所以在名字"珠"前面加一个"先"字。

⑭奶嬷嬷(mómo):这里指乳母。

⑮形容:这里指外貌、模样。

⑯厮认:相互认识。

⑰年貌:年龄容貌。

⑱怯弱:这里形容体质虚弱。

⑲风流:风韵。

⑳态度:言行举止所表现的神态。

㉑不足之症:中医病症的名称。由身体虚弱引起,如脾胃虚弱,叫中气不足;气血虚弱,叫正气不足。

㉒化:僧道向人求布施。这里是领去之意。

㉓不经:不合常理,近乎妄诞。

㉔放诞:放纵,不守规范。

㉕金丝八宝攒珠髻:用金丝穿绕珍珠和镶嵌八宝(玛瑙、碧玉之类)制成的珠花的发髻。攒,凑聚。用金丝或银丝把珍珠穿扭成各种花样叫"攒珠花"。

㉖朝阳五凤挂珠钗:一种长钗,样子是一支钗上分出五股,每股一支凤凰,口衔一串珍珠。

㉗赤金盘螭(chī)璎珞圈:螭,古代传说中的无角龙。璎珞,连缀起来的珠玉。圈,项圈。

㉘宫绦(tāo):宫中特制或仿照宫样所制的丝带。

㉙双衡比目玫瑰佩:一种玉佩。衡,佩玉上部的小横杠,用以系饰物。比目玫

瑰佩，用玫瑰色的玉片雕琢成的双鱼形的玉佩。比目，鱼名，传说这种鱼成双而行。

㉚缕金百蝶穿花大红洋缎窄裉(kèn)袄：指在大红洋缎的衣面上用金线绣成百蝶穿花图案的紧身袄。裉，上衣前后两幅在腋下合缝的部分。

㉛五彩刻丝石青银鼠褂：一种石青色的衣面上有各种彩色刻丝、衣里是银鼠皮的褂子。刻丝，在丝织品上用丝平织成的图案，与凸出的绣花不同。石青，浅灰青色。银鼠，又名白鼠、石鼠。

㉜翡翠撒花洋绉裙：翡翠，翠绿色。撒花，在绸缎上用散碎小花点组成的花样或图案。洋绉，极薄而软的平纹春绸，微带自然皱纹。

㉝丹凤三角眼：眼角向上微翘，俗称丹凤眼。

㉞柳叶吊梢眉：形容眉梢斜飞入鬓的样子。

㉟风骚：这里指姿容俏丽。

㊱含春：带着笑意。

㊲泼皮破落户儿：原指没有正当生活来源的无赖，这里形容凤姐泼辣，是戏谑的称谓。

㊳南省：指南方。

㊴辣子：方言词，指泼辣厉害的人。

㊵打谅：打量。

㊶下房：厢房，偏屋。

㊷月钱：封建社会的富户大家每月按等级发给家中人等供零用的钱。

㊸便(biàn)宜：方便；适宜。

㊹翠幄(wò)青绸车：用粗厚的绿色绸类做车帐、用青色绸做车帘的轿车。

㊺仪门：旧时官衙、府第的大门之内的门。一说，旁门也可称仪门。

㊻庑(wǔ)：正房对面和两侧的小屋子。

㊼两边厢房鹿顶耳房钻山：两边的厢房用钻山的方式与鹿顶的耳房相连接。

㊽甬路：院落中用砖石铺成的路。

㊾万几宸(chén)翰之宝：这是皇帝印章上的文字。

㊿待漏随朝墨龙大画：待漏，封建时代大臣要在五更前到朝房里等待上朝的时刻。漏，铜壶滴漏，古代计时器，指代时间。随朝，按照大臣的班列朝见皇帝。墨龙大画，巨龙在云雾海潮中隐现的大幅水墨画。旧时以龙象征帝王，画中之“潮”与朝见之“朝”谐音，隐寓朝见君王的意思。

(51)金蜼(wěi)彝：原为有蜼形图案的青铜祭器，后作为贵重陈设品。蜼，一种长尾猿。彝,古代青铜器中礼器的通称。

(52)盉(hǎi):盛酒器。

(53)錾(zàn)银:一种银雕工艺。錾,雕刻。

(54)座上珠玑昭日月,堂前黼黻(fǔ fú)焕烟霞:形容座中人和堂上客的衣饰华贵——佩带的珠玉如日月般光彩照人,衣服的图饰如烟霞般绚丽夺目。

(55)宴息:休息。

(56)罽(jì):毛织的毯子。

(57)引枕:坐时搭扶胳膊的一种圆墩形的倚枕。

(58)秋香色:淡黄绿色。

(59)文王鼎匙箸香盒:文王鼎,指周朝的传国国鼎,这里是指小型仿古香炉,内烧粉状檀香之类的香料。匙箸,拨弄香灰的用具。香盒,盛香料的盒子。

(60)汝窑(yáo)美人觚(gū):宋代河南汝州窑烧制的一种仿古瓷器。觚,古代一种盛酒的器具。

(61)茗(míng)碗:茶碗。

(62)椅搭:搭在椅子上的一种长方形的绣花绸缎饰物。

(63)掐牙:锦缎双叠成细条,嵌在衣服或背心的夹边上,仅露少许,作为装饰,叫掐牙。

(64)磊着:层叠地放着。

(65)弹墨椅袱:以纸剪镂空图案覆于织品上,用墨色或其他颜色弹或喷成各种图案花样,叫弹墨。椅袱,用锦、缎之类做成的椅套。

(66)顽笑:玩笑。顽,通"玩"。

(67)孽根祸胎:都是祸根的意思。

(68)内帏:内室,女子的居处。帏,幕帐。

(69)厮混:嬉戏相闹。

(70)憨顽:顽皮。

(71)小幺(yāo)儿:身边使唤的小仆人。幺,幼小。

(72)倒座:正房是坐北朝南,"倒座"是与正房相对的坐南朝北的房子。

(73)抱厦厅:回绕堂屋后面的侧室。

(74)影壁:大门内或屏门内用作屏蔽的墙壁。也有木制的,下有底座,可以移动。又称照壁、照墙。

(75)告了座:谢了座。

⑦拂尘:形如马尾,后有持柄,用以拂拭尘土,或驱赶蝇蚊,俗称"蝇甩子"。古时多用麈(zhǔ)兽之尾制成,所以又称麈尾。

⑦布让:宴席间向客人敬菜、劝餐。

⑦惜福:珍惜福泽。

⑦《四书》:指《大学》《中庸》《论语》《孟子》四种书,是儒家的主要经典。

⑧惫(bèi)懒:顽皮,不顺从。

⑧懵(měng)懂:糊涂,不明事理。

⑧嵌宝紫金冠:把头发束扎在顶部的一种髻冠,上面插戴各种饰物或镶嵌珠玉。

⑧二龙抢珠金抹额:一种头饰。二龙抢珠,抹额上装饰的图案。抹额,围扎在额前,用以压发束额。

⑧二色金百蝶穿花大红箭袖:用两色金线绣成的百蝶花图案的大红窄袖衣服。箭袖,原为便于射箭穿的窄袖衣服,这里指男子穿的一种服式。

⑧五彩丝攒花结长穗宫绦:五彩丝攒花结,用五彩丝攒聚成花朵的结子,指绦带上的装饰花样。长穗宫绦,指系在腰间的绦带。长穗,是绦带端部下垂的穗子。

⑧石青起花八团倭缎排穗褂:团,圆形团花。倭缎,又称东洋缎。排穗,排缀在衣服下面边缘的彩穗。

⑧青缎粉底小朝靴:指黑色缎面、白色厚底、半高筒的靴子。青缎,黑色的缎子。朝靴,古代百官穿的"乌皮履"。

⑧请了安:请安,即问安。清代女子请安礼节是,双手扶左膝,右腿微屈,往下蹲身,口称"请某人安"。

⑧结束:扎缚。

⑨坠角:用于朝珠、床帐等下端起下垂作用的小装饰品,这里指辫子梢部所坠的饰物。

⑨寄名锁:旧时怕幼儿夭亡,给寺院或道观一定财物,让幼儿当"寄名"弟子,并在幼儿的项下系一小金锁,名"寄名锁"。

⑨护身符:是从道观领来的一种符箓,带在身上,避祸免灾。

⑨风骚:这里指风情。

⑨《西江月》二词:这两首词用似贬实褒、寓褒于贬的手法揭示了贾宝玉的性格。西江月,词牌名。

⑨皮囊:一作"皮袋",指人的躯壳。佛教认为人的灵魂不死不灭,人的肉体只

是为灵魂提供暂时住所,犹如皮口袋。

○96草莽:草木丛生的荒原,比喻平庸无知。

○97潦倒:这里指举止散漫,不自检束。

○98偏僻:偏激,不端正。

○99乖张:偏执,不驯顺,与众不同。

○100可怜辜负好韶光:可惜白白浪费了大好时光。可怜,可惜。辜负,本意是背负、对不起,这里有浪费的意思。

○101寄言纨袴与膏粱,莫效此儿形状:赠言公子哥儿一句话:可别学这孩子的坏样子。寄言,赠言。膏粱,肥肉精米,这里借指富贵子弟。

○102罥(juàn)烟眉:形容眉毛像一抹轻烟。罥,挂,缠绕。

○103态生两靥(yè)之愁,娇袭一身之病:妩媚的风韵生于含愁的面容,娇怯的情态出于孱弱的病体。态,情态、风韵。靥,面颊上的酒窝。袭,承继,由……而来。

○104心较比干多一窍,病如西子胜三分:(林黛玉)聪明颖悟胜过比干,病弱娇美胜过西施。比干,商朝纣王的叔父。《史记·殷本纪》载,纣王淫乱,"比干曰:'为人臣者,不得不以死争。'乃强谏纣。纣怒曰:'吾闻圣人心有七窍。'剖比干,观其心"。古人认为心窍越多越有智慧。

○105些须:一点儿。

○106表字:古时人在本名外所取的与本名有意义关系的字以表德行、特性,如诸葛亮,表字孔明。也单称"字"。

○107《古今人物通考》:从下文来看,可能是宝玉的杜撰。

○108忖(cǔn)度:推测。

○109通灵:通于神灵。第二回写贾宝玉"一落胎胞,嘴里便衔下一块五彩晶莹的玉来,上面还有许多字迹"。家人把这块玉称为"通灵宝玉"。

○110劳什子:令人讨厌的东西。

○111孽障:对子女的昵称。

○112这们:这么。

○113套间:与正房相连的两侧房间。

○114暖阁儿:在套间内再隔断为小房间,内设炕褥,两边安有隔扇,上边有一横眉,形成床帐的样子,称"暖阁"。

○115碧纱橱:也称隔扇门、格门。用以隔断开间,中间两扇可以开关。格心多灯笼框式样,灯笼心上常糊以纸,纸上画花或题字。

⑩教引嬷嬷：清代皇子一出生，就有保姆、乳母各八人；断乳后，增"谙达"（满语，伙伴、朋友的意思，这里指陪伴并负有教导责任的人），"凡饮食、言语、行步、礼节皆教之"（见《清稗类钞》）。贵族家庭的"教引嬷嬷"，职务与皇宫的"谙达"相似。

◎ 学习活动

一、填一填

1.《红楼梦》是我国古典小说的最高峰，全书共 120 回，前 80 回的作者是清朝的小说家（　　　　），后 40 回据说是（　　　　）续写的。全书以（　　　　）和（　　　　）的爱情悲剧为线索，通过对贾、史、王、薛四大家族兴衰过程的描写，揭露了封建贵族的荒淫、腐败，显示了封建制度濒于崩溃和必然灭亡的命运。由于这部书的伟大成就，历代不少文人学者致力于对它的研究，并创立了一门学问，称之为（　　　　）。

2. 在宝黛初会这段文字中，作者主要从四点写了宝玉的言行，请各用两个字分别概括：（　　）（　　）（　　）（　　）。

二、想一想

1. 这篇课文是以什么为线索展开故事情节的？按情节发展，课文可分为几部分，每部分写了什么内容？请归纳概括。

2. 林黛玉进贾府都见到了哪些人？

3. 透过黛玉的眼睛，我们可以看出贾府是个怎样的大家庭？

三、写一写

1. 通过观察，描写一个或几个同学的动作行为，要求富有特色，个性鲜明生动。

2. 通过观察，描写一个老师或长辈的动作行为，要求富有特色，个性鲜明生动。

四、读一读

语言学家王力说："看一本好书，如果自己一点意见都没有，就可以说你没有好好看。你好好看的时候，总会有意见。"请同学们课后认真通读《红楼梦》，读出自己的感悟和思考。

项链(节选) ｜ [法]莫泊桑

◎ 小试牛刀

写出下列著名作家的国籍及代表作品：

罗曼·罗兰——（　　　　　　）——（　　　　　　）

莫里哀——（　　　　　　）——（　　　　　　）

巴尔扎克——（　　　　　　）——（　　　　　　）

雨果——（　　　　　　）——（　　　　　　）

大仲马——（　　　　　　）——（　　　　　　）

小仲马——（　　　　　　）——（　　　　　　）

福楼拜——（　　　　　　）——（　　　　　　）

莫泊桑——（　　　　　　）——（　　　　　　）

◎ 开心一刻

项链的演变

项链的出现,有一种说法是源于原始社会母系氏族向父系氏族转变时期的"抢婚"风俗。在那时,男性由于经济地位的逐渐提高,女性从夫居的制度就开始形成了。在这种制度的形成过程中,男子往往将掠夺的其他部落的妇女或将在战争中俘获的女子作为妻子,为了防止她们趁战乱或在夜间逃跑,男人一般会用一根好像现在的项链一样的绳子将女子的脖子拴住,这可说是最早的项链的雏形。父系氏族的从夫居制度确立后,这种习惯被保留了下来。"抢"和"拴"都演变成了一种婚礼的仪式,绳子当然是越来越漂亮,慢慢地就变成了项链。项链的种类非常繁多,但从结构上来说,项链主要由链身和搭扣两个部分组成。链身也主要有两种形式:一种是一节节单一的花纹链环重复连成;一种是由各种宝石和花片镶制而成。前者属无宝链,后者称花式链,搭扣起连接的作用。从长短来说,习惯上将围在颈部的短项链称为颈链,这种超短型项链也称"卡脖链";而挂于上衣领口外边,长达胸部的项链叫胸链。项链是它们的总称。而项链的长度还有国际标准的尺度,各种长度的项链名称也各有不同。

关于项链,你还知道哪些趣事?

◎ 选文

有些女子,天生丽质,妩媚娇柔,偏偏由于命运的阴差阳错,竟降生在清寒的工薪家庭,她便是此中的一人。她本无嫁妆做垫底,又无另获遗产的希望,根本就不可能去结识一个有钱有地位的男人,得到他的善解与倾心,与他结为夫妇;这样,她就只好任人把她嫁给了教育部的一个小职员。

她没钱打扮,因而衣着朴素,但她心里很不是滋味,如同贵人沦落成了平民;因为女人本来就没有什么等级品位、家族世系,她们的美貌、她们的风韵、她们的魅力,就是她们的出身、她们的门第。她们之间的高低优劣,仅在于是否天资聪敏、风度优雅、头脑灵活,有之,则平民百姓的女子亦可与显赫的贵妇平起平坐。

她深感自己天生丽质,本当身披绮罗①,头佩珠玉,如今熬在清贫的日子里,不胜苦涩。她的家里陈设简陋,四壁萧索,桌椅板凳破破旧旧,衣衫穿着皱皱巴巴,这么活着,她很不好受。要是换一个与她同阶层的妇女,对所有这一切肯定是不会在意的,而她却觉得苦不堪言,满肚子的闷气。眼见来她家帮助干粗活的那个瘦小的布列塔尼②女人,她经常不免既深感缺憾又想入非非。她幻想自家的接待室四壁挂着东方的帷幔,被青铜的大烛台照得通亮,宁静优雅;幻想两个高大的穿着短裤长袜的仆人被暖气熏得昏昏沉沉,正靠在大安乐椅上打瞌睡。她还幻想自家有几个挂着丝绒帘幔的客厅,里面的家具雅致美观,摆设奇巧珍贵;幻想有几个香气醉人、情调旖旎③的内客厅,那是专为午后五点钟与密友娓娓细语的处所,这些密友当然都是妇女们心仪仰慕、渴望获其青睐④的知名之士。

每当吃饭的时候,她坐在三天未换桌布的圆桌前,丈夫在她对面,打开汤盆盖,兴高采烈地说:"啊,这么好吃的炖肉!我真不知道还有什么比这更好吃。"这时,她就想入非非,她想到精制味美的宴席,闪闪发亮的银餐具与挂在墙上的壁毯,那上面织着古代人物与仙境山林中的珍奇禽鸟;她想到一道道盛在贵重餐盘里的美味佳肴,想到自己一边品尝鲜嫩发红的鲈鱼或松鸡翅膀,一边面带微妙笑容倾听着男友喁喁⑤情话的情境。

她没有漂亮的衣裳,没有珠宝首饰,总之,什么都没有,但她,偏偏就爱这些东西;她觉得自己生来就应该享用它们,她最渴望的事,就是招人喜爱,被人艳羡,风流标致,到处有人追求。

她有一个有钱的女友,是她在修道院读书时的同学。现在,她不愿意再去看望这位朋友,因为,每次回来她都感到内心不平衡,接连的几天,她都要伤心、懊悔、绝望、痛苦得整日哭泣。

可是,有一天傍晚,丈夫回到家里,神采飞扬,手里拿着一个大信封,说:

"你瞧!专给你的东西。"

她急忙打开信封,从中取出一份请柬,上面印着:

兹订于一月十八日(星期一),在本部大楼举行晚会,敬请届时光临。

　　此致

卢瓦瑟尔先生偕夫人

教育部部长乔治·朗波诺

暨夫人谨订

她并没有像丈夫所期望的那样兴高采烈,反而赌气地把请柬往桌上一扔,低声抱怨说:

"你要我拿这去干什么?"

"可是,我亲爱的,我本以为你会高兴的。你从不出门做客,这次是一个机会,一个特别好的机会。我费了九牛二虎之力才弄到这张请柬;大家都想要;太不容易弄到手啦,发给本部雇员的为数很少。在这次晚会上,你可以见到所有那些官方人士。"

她用愤怒的眼睛瞪着丈夫,很不耐烦地嚷了起来:

"你要我穿什么衣服去丢人现眼?"

丈夫可没有想到这个问题,他吞吞吐吐地说:

"你穿着上剧院那身衣服,照我看,就挺不错的……"

他见妻子哭了起来,就不再说下去了,惊愕,不知所措。两行眼泪从妻子的眼里夺眶而出,缓缓流向嘴边。他结结巴巴地说:

"你怎么啦?你怎么啦?"

她使了很大的劲把痛苦压了下去,又把自己面颊擦干,用平静的语气说:

"什么事也没有。只不过我没有像样的行头⑥，我不能去参加这样的晚会。有哪位同事的太太穿得比我好，你就把请柬让给他们吧。"

他显得很尴尬，改口说：

"来，玛蒂尔德，我们来商量一下，一件像样的衣服，既可以穿着参加这次晚会，又可以在其他场合穿，大概需要多少钱，买一件这样的衣服，不是很简单吗？"

她考虑了一会儿，心里盘算了一下，心想该提出怎样一笔钱数，才不至于把这个节俭的小科员吓一跳而当场拒绝她。

她终于吞吞吐吐地回答说：

"我也不知道准数要多少，不过，我觉得四百法郎⑦大概能把事情办妥。"

他脸色有点发白，因为正好最近他攒了这个数的一笔钱，本来准备去买一支枪，夏天跟几个朋友到南泰尔平原打猎取乐，那些朋友都是行猎老手，星期天总要到平原上去打打云雀。

不过，他还是答应了：

"好吧。我给你四百法郎，但你得买一身漂漂亮亮的衣服。"

举行晚会的那一天快到了。卢瓦瑟尔太太显得郁郁不乐，心事重重，烦躁不安。她那身漂亮的衣服可是已经准备好了。一天晚上，她丈夫问道：

"你怎么啦？你瞧，两三天来，你脾气这么古怪。"

她回答说：

"我既无首饰，又无珠宝，没有什么东西可以佩戴，想起这我就心烦。到晚会上去，我一定会显得很寒碜，我还是宁可不去为好。"

丈夫说：

"你可以佩戴几朵鲜花呀。在这个季节，这么打扮很雅致。只要花十个法郎，你就可以买到两三朵特别漂亮的玫瑰。"

她丝毫没有被说服：

"不行……在那些有钱的妇女面前显出一副穷酸相，是最丢人的一件事。"

她丈夫忽然叫了起来：

"你脑子太不灵活！你去找你那位朋友福雷斯杰太太，向她借几样首饰，不就齐了？你跟她的交情不错，这事不难办到。"

她快活得叫了起来：

"这倒是真的，我怎么没有想到！"

第二天，她跑到她朋友的家里，诉说她的苦恼。

福雷斯杰太太马上走到带镜子的大衣柜前,取出一只大首饰箱,拿过来把它打开,对卢瓦瑟尔太太说:

"我亲爱的,你自己挑吧!"

她最先看见的是几只手镯,再就是一串珍珠项链,接着是一个威尼斯制的金十字架,镶着珠宝,做工极为精巧。她佩戴着这些首饰,在镜子面前左顾右盼,犹疑不决,舍不得把它们摘下来。她一问再问:

"你还有没有别的首饰?"

"有啊!你自己找吧,我不知道你喜欢什么。"

突然,她在一个黑绒盒子里,发现了一长串特别美的钻石项链,一种极为强烈的欲望使得她的心狂跳起来。拿着这串项链,她的手直打哆嗦。她把它佩在脖子上,压着连衣裙的领口,在镜子面前照得出神。

她心里急不可待,嘴上却吞吞吐吐:

"你能把这个借给我吗?我只借这一件。"

"当然可以啦!"

她蹦了起来,一把搂着女友的脖子,激动地吻了一下,然后,带着这件宝物飞快地跑了。

晚会的日子到了。卢瓦瑟尔太太大出风头。她是晚会上最漂亮的女人,风度翩翩,姿态优美,满面春风,快活到了极点。所有的男人都注视她,打听她的姓名,求人引见。部长办公厅的官员都想与她共舞。部长也特别注意她。

她带着醉意与狂热,翩翩起舞。她什么也不想,完全陶醉在她美貌所取得的辉煌胜利之中,陶醉在她成功的荣光之中。周围的人对她殷勤致意,啧啧赞美,热烈追求,妇女们心中所羡慕的那种彻底而甜美的胜利,她已全握手中。正是在这样一种幸福的氛围里,她简直要飘飘欲仙了。

早晨四点钟,她才离开。她的丈夫从十二点起,就在一个清静的小客厅里睡着了,同时在那里呼呼大睡的还有三位先生,他们的妻子也都在舞厅里尽情狂欢。

丈夫怕她出门着凉,把带来的一件衣服披在她的肩上,那件衣服是家常穿的,它的寒酸气与漂亮的舞袍很不调和。她感觉到了这一点,急忙闪开,以免引起那些裹在豪华皮衣里的阔太太们的注意。

卢瓦瑟尔把她拉住不让走:

"你等一等吧,到外面你会着凉的,我去叫一辆马车。"

但她根本不听丈夫的，飞快地奔下了楼梯。他们到了街上，那里却没有马车，于是他们就开始寻找，一看见有车在远处驶过，就跟在后面大声喊叫。

他们沿塞纳河⑧走下去，垂头丧气，浑身哆嗦，终于在河边找到了一辆做夜间生意的旧马车，这种马车白天从不在巴黎街头露面，似乎耻于让人在光天化日之下看见它的寒碜相。

马车一直把他们送到殉道者街他们的家门口。夫妻二人闷闷不乐地爬上楼梯回到家里。对于妻子来说，一切都完了；而丈夫，他则在想，上午十时，他得到部里去上班。

她脱掉披在肩上的衣服，在镜子面前，再一次端详自己的辉煌。突然，她叫了一声，她脖子上的钻石项链不见了！

她的丈夫这时衣服脱了一半，问道：

"你怎么啦？"

她转身向着他，丧魂落魄地说：

"我……我……我把福雷斯杰太太的项链弄丢了。"

丈夫霍地一下站起来，他大惊失色：

"什么！……怎么搞的！这不可能！"

他们急忙在衣袍的褶⑨层里、大氅的褶层里以及衣袋里到处搜寻了一遍，哪儿都找不到。

丈夫问她：

"你能肯定离开舞会的时候，项链还在？"

"是的，我在部里的前厅还摸过它呢。"

"不过，如果是在街上丢失的，我们该听得见响声。肯定是在马车里丢失的。"

"对，这很可能。你记住车号没有？"

"没有。你呢？你也没有注意车号？"

"没有。"

他们吓呆了，面对面地互相盯着。最后，卢瓦瑟尔又穿上了衣服，说：

"我去把我们刚才步行的那一段路再走一遍，看是不是能够找到。"

于是，他走了。而她，仍穿着参加晚会的那身舞袍，连上床去睡的力气也没有了，颓倒在椅子上，万念俱灰，脑子木然。

丈夫回来的时候，已将近七点钟，他空手而归。

他随即到警察局与各家报馆去，挂失悬赏，又到出租小马车的各个车行去找了一遍,总之,凡是有一线希望的地方,他都去过。

妻子整天在家等消息,在这么一个飞来的横祸面前,她一直陷于惊慌之中难以自拔。

卢瓦瑟尔晚上才回来,两颊深陷,面色发青,他又一无所获,说:

"现在我们只好写一封信给你的朋友,告诉她你把项链的链条弄断了,你正在找人修理,这样我们就有时间好回旋应付。"

由丈夫口授,她把信写好了。

一个星期过去了,他们一筹莫展⑩。

卢瓦瑟尔一下见老了五岁。他宣布自己的决定:

"我们只能设法买一串赔给人家。"

第二天,他们拿着装项链的盒子,按照盒里层标明的字号,去了那家珠宝店。老板查了查账本,回答说:

"太太,这串项链不是小店出售的,只有盒子是在我这里配的。"

于是,他们又一家家地跑那些珠宝店,凭记忆要找到跟丢失的那条项链相像的那么一条。夫妻俩儿连愁带急,眼见就要病倒了。

他们在王宫街的一家店里找到了一条钻石项链,它看来很像他们所丢失的那一条,原价四万法郎,如果他们要买的话,可以让价到三万六千法郎。

他们要求珠宝商在三天之内不要出售给他人,并且双方谈妥,如果他们在二月底以前找着了丢失的那条项链,则这一条以三万四千法郎的折价由店主收回。

卢瓦瑟尔手头已有一万八千法郎,那是他父亲以前遗留给他的,其余的钱,他们就只好去借了。

他们马上动手借钱,向这人借一千,向那人借五百,从这里借五个金路易⑪,从那里借三个。他打了不少借条,承诺了一些可能导致自己破产的条件。与高利贷者以及各种放债图利的人打交道,他把自己后半辈子的生活都搭进去了,冒险签一些借约,不管将来能否偿还,是否会身败名裂;与此同时,他又充满了恐惧,既对自家的前途忧心忡忡,又害怕即将压在自己身上的极端贫困,害怕物质匮缺、精神痛苦的前景。终于,他把三万六千法郎凑齐,交到珠宝商的柜台上,取来了那串新项链。

当卢瓦瑟尔太太还项链给福雷斯杰太太的时候,这位女友很不高兴地说:

"你应该早些日子还给我,因为,我自己需要用。"

她并没有打开项链盒来看,这倒叫卢瓦瑟尔太太放了心;如果对方看出来已经换了一条，那她会怎么想，会怎么说，岂不会把自己当窃贼吗？

　　卢瓦瑟尔太太一下子就尝到了穷人的那种可怕的生活，好在她事先就已经英勇地下定了决心。他们必须还清这一大笔可怕的债务，为此，她得付出代价。他们辞退了女佣人，搬了家，租了一间屋顶下的阁楼栖身。

　　家里所有的粗活，厨房里所有的油污活，她都体验到了。她得洗碗碟锅盆，玫瑰色的手指在油腻的碗碟上、在锅盆底上受磨损。她得用肥皂搓洗脏内衣内裤、衬衫以及餐巾抹布，然后把它们晾在一根绳子上；每天早晨，她得把垃圾运下楼，把水提上去，每上一层楼都不得不停下来喘气；她穿的和平民百姓的家庭妇女一样，她要手挎着篮子，跑水果店、杂货铺、肉铺，她要一个子儿一个子儿地捍卫自己那个可怜的钱包，讨价还价，锱铢⑫必争，常常不免遭人辱骂。

　　他们每个月都得偿还几笔债，有一些借约则要续订，以求延期。

　　丈夫每天傍晚都去替一个商人清理账目，夜里，经常替人抄抄写写，每抄一页挣五个子儿。

　　这样的生活，他们过了十年。

　　十年过去，他们还清了全部的债，的确是全部，包括高利贷的利息，还包括利滚利的利息。

　　卢瓦瑟尔太太现在显然是见老了。她变成了一个穷人家的妇女，强悍、泼辣而又粗野。头发不整齐，裙子歪系着，两手通红，说话粗声粗气，大盆大盆地倒水洗地板。但是，有几次，当丈夫去部里上班的时候，她自己坐在窗前，总不免回想起，在从前的那次舞会上，她是多么漂亮，多么令人倾倒。

　　要是她没有丢失那串项链，她的命运会是什么样？谁知道呢？谁知道呢？生活真是古怪多变！只需小小一点东西，就足以使你断送一切或者使你绝处逢生。

　　一个星期天，她上香榭里榭大街⑬溜达，好消除一个星期来的疲劳。突然，她看见一位太太带着小孩在散步。原来是福雷斯杰太太，她还是那么年轻，那么漂亮，那么迷人。

　　卢瓦瑟尔太太感到很激动。要不要上去跟她搭话？是的，当然要去。现在，她既然还清了全部债务，就可以把一切都告诉她。为什么不告诉呢？

　　她走了过去：

　　"让娜，您好。"

　　对方一点也没有认出她来，这么一个平民女子竟如此亲热地跟自己打招呼，她不禁大为诧异。她结结巴巴地回答：

"不过……太太！……我不知道……您大概是认错了人。"

"没有认错，我是玛蒂尔德·卢瓦瑟尔呀。"

她昔日的女友喊了起来：

"哟……我可怜的玛蒂尔德，你的变化太大了！……"

"是的，我过了好些苦日子，自从上次我跟你见面以后；我不知道有过多少艰难困苦……而这，都是因为你！……"

"因为我……那是怎么回事？"

"你还记得我向你借了那串项链去参加部里的晚会吧。"

"是的，那又怎么样？"

"怎么样！我把它弄丢了。"

"怎么可能！你不是已经还给我了吗？"

"我还给你的，是跟原物式样相像的另一串。这十年我一直在为这串项链欠债还债。你知道，这对我们可真不容易，我们本来什么家底都没有……现在，终于把债全还清了，我简直太高兴了。"

福雷斯杰太太听到这里，停下步来，问：

"你是说，你花钱买了一串钻石项链来赔我的那一串吗？"

"正是。你一直没有发觉，是吧？两串项链简直是一模一样。"

说着，她感到一种既骄傲又天真的欢快，面上露出了笑容。

福雷斯杰太太非常激动，她一把握住朋友的双手，说：

"哎呀，我可怜的玛蒂尔德，但我的那一串是假钻石呀，它顶多值五百法郎。……"

（选自《莫泊桑精选集》，山东文艺出版社 1997 年版）

注 释

①绮(qǐ)罗：有花纹或图案的丝织品。

②布列塔尼：法国西北角的一个半岛，三面分别被英吉利海峡、大西洋和比斯开湾环绕。因为当地比较贫穷，从那里雇人工钱较低。

③旖旎(yǐ nǐ)：柔和美好。

④青睐(lài)：比喻喜爱或重视。

⑤喁喁(yú yú)：小声说话。

⑥行头:服装。

⑦法郎:法国等国的旧本位货币。

⑧塞纳河:法国大河之一,流经巴黎市区。

⑨褶:读 zhě。

⑩一筹莫展:一点办法也想不出,什么希望都没有了。

⑪路易:法国钱币名。1 个路易值 20 法郎。

⑫锱铢(zī zhū):这里指很少的钱。

⑬香榭里榭大街:是巴黎也是世界上著名的购物大街。

◎ 学习活动

一、填一填

1. 莫泊桑(1850—1893),19 世纪后半叶法国杰出的(   )作家之一。莫泊桑的文学成就以短篇小说最为突出,被誉为(   )。短篇小说代表作主要有《项链》(《   》)(《   》)等。

2. 世界三大短篇小说巨匠是:法国的莫泊桑、美国的(   )和俄国的(   )。

二、说一说

1. 这篇小说的线索是什么?

2. 作品围绕项链主要写了几件事?

3. 请大家从课文中找出心理描写的有关语句,并简要分析这些语句主要刻画了人物的何种性格?

三、品一品

关于这篇小说的主题,主要有以下三种观点,你同意哪一种? 理由是什么?

第一种观点:小说尖锐地讽刺了爱慕虚荣和追求享乐的思想。

第二种观点:小说表现了人生的无常、命运的无常。

第三种观点:小说对女主人公追求奢华生活遭到失败的不幸表示同情,对其以诚实劳动偿还债务的行为予以肯定,对主人公的虚荣心作了批评。

泪与笑 ｜ 梁遇春

◎ **小试牛刀**

成语俗语交朋友

　　成语,具有文言色彩,凝练、简洁;俗语,是人民群众语言的精华,通俗、形象。虽然它们有雅有俗,但有异曲同工之妙。下面的成语都能找到与之"性情"相投的俗语"朋友",你知道它们是怎么配对的吗?请你把合适的成语填在相应的俗语后面。

　　妄自尊大　孤掌难鸣　恩将仇报　啼笑皆非　急于求成
　　一丝不苟　以卵击石　人地生疏　门可罗雀　疑虑顿消

1. 一个巴掌拍不响(　　　　　)　　2. 一口吃成个胖子(　　　　　)

3. 一块石头落了地(　　　　　)　　4. 反把恩人当仇人(　　　　　)

5. 丁是丁,卯是卯(　　　　　)　　6. 人生地不熟(　　　　　)

7. 哭不得笑不得(　　　　　)　　8. 鬼也不上门(　　　　　)

9. 拿鸡蛋往石头上碰(　　　　　)　　10. 眼睛长在脑门上(　　　　　)

◎ **开心一刻**

是一语成谶吗?

　　短命几乎是很多天才的宿命,如雪莱,如拜伦,如济慈,如梁遇春。梁遇春生前常说这样一句话:"一个人在年轻时死去,他在人们的记忆里便永远是年轻的。"现在他终于像雪莱一样,永远年轻了一回。他在尘世间只停留了 26 年,可爱如他的人,他并非流星划过天空般耀眼,他的光芒不刺眼,而是舒缓柔和极其惹人亲近。

他的文字是如此地与众不同，它不矫作，也没有民国江山文人的那种小情小趣，而是一种清新的纯粹的文字，如同天籁。有人说，倘若马洛不死，他的名声早已震得人们耳鸣不已而听不到莎士比亚了，那么谁又敢断言，假如梁遇春活到今天，他的成绩不会凌驾于钱钟书之上呢？

类似英年早逝的名人故事你还知道多少？

◎ 选文

匆匆过了二十多年，我自然也是常常哭，常常笑，别人的啼笑也看过无数回了。可是我生平不怕看见泪。自己的热泪也好，别人的呜咽也好；对于几种笑我却会惊心动魄，吓得连呼吸都不敢大声，这些怪异的笑声，有时还是我亲口发出的。当一位极亲密的朋友忽然说出一句冷酷无情冰一般的冷话来，而且他自己还不知道他说得会使人心寒，这时候，我们只好哈哈哈莫名其妙地笑了。因为若使不笑，叫我们怎么样好呢？我们这个强笑或者是出于看到他真正的性格和我们先前所认为的他的性格的矛盾，或者我们要勉强这么一笑来表示我们是不会给他的话所震动，我们自己另有一个超乎一切的生活，他的话不能损坏我们于毫发的，或者……但是那时节我们只觉得不好不这么大笑一声，所以才笑，实在也没有闲暇去仔细分析自己了。

当我们心里有说不出的苦痛缠着，正要向人细诉，那时，我们平时尊敬的人却用个极无聊的理由来解释我们这穿过心灵的悲哀。看到这深深一层的隔膜，我们除百无聊赖地破涕为笑，还有什么别的办法吗？有时候我们倒霉起来，整天从早到晚做的事没有一件不是失败的。到晚上疲累非常，懊恼万分，悔也不是，哭也不是，也只好咽下眼泪，空心地笑着。我们一生忙碌，把不可再得的光阴消磨在马蹄铁轮，以及无谓敷衍之间，整天打算，可是自己不晓得为什么这么费心机，为了要活着用尽苦心来延长这生命，却又不觉得活着到底有何好处，自己并没有享受过生活，总之黑漆一团活着。夜阑人静，回头一想，哪能够不吃吃地笑，笑时感到无限的生的悲哀。就说我们淡于生死了，对于现世界的厌烦同人事的憎恶还会像毒蛇般蜿蜒走到面前，缠着身上。我们真可说倦于一切，可惜我们也没有爱恋上死神，觉得也不值得花那么大劲去求死，在此不生不死心境里，只见伤感重重来袭，偶然挣些力气，来叹几口气，叹完气也免不了失笑，那笑是多么酸苦的。

这几种笑声发自我们的口里，自己听到，心中生个不可言喻的恐怖，或者又引起另一个鬼似的狞笑。若使是由他人口里传出,只要我们探讨出它们的源泉,我们也会惺惺惜惜惺惺而心酸,同时害怕得全身打战。此外失望人的傻笑,下头人挨了骂对于主子的赔笑,趾高气扬的热官对于贫贱故交的冷笑,老处女在他人结婚席上所呈的干笑,生离永别时节的苦笑——这些笑全是"自然"跟我们为难,把我们弄得没有办法,我们承认失败了的表现是我们心灵的堡垒下面刺目的降幡。莎士比亚的妙句"对着悲哀的微笑"说尽此中的苦况。拜伦在他的杰作《唐·璜》里有两句:"在所有故事中它是最可悲——而且还要可悲,因为它让我们微笑。"这两句是我愁闷无聊时所喜欢反复吟诵的,因为真能传出"笑"的悲剧情调。

泪却是肯定人生的表示。因为生活是可留恋的,过去是春天的日子,所以才有伤逝的清泪。若使生活本身就不值得我们的一顾,我们哪里会有惋惜的情怀呢?当一个中年妇人死了丈夫的时候,她号啕地大哭,她想到她儿子这么早就失去了父亲,没有人知道,免不了伤心流泪,可是她隐隐地对于这个儿子有无穷的慈爱同希望。她的儿子又死了,她或者会一声不响地料理丧事,或者发疯狂笑起来,因为她已厌倦人生,她微弱的心已经麻木死了。

我每回看到人们的流泪,不管是失恋的刺痛,或者丧亲的悲哀,我总觉人生真的值得一活的。眼泪真是人生的甘露。当我是小孩的时候,常常觉得心里有说不出的难过,故意去臆造些伤心事情,想到有味的时候,有时会不觉流下泪来,那时就感到说不出的快乐。现在却再寻不到这种无根的泪痕了。哪个有心人不爱看悲剧,亚里士多德所说的净化的确不错。我们精神所纠结郁积的悲痛随着台上的凄惨情节发出来,哭泣之后我们有形容不出的快感,好似精神上吸到新鲜空气一样,我们的心灵忽然间呈非常健康的状态。果戈理的著作人们都说是笑里有泪,实在正是因为后面有看不到的泪,所以他的小说会那么诙谐百出,对于生活处处有回甘的快乐。中国的诗词说高兴赏心的事总不大感人,谈愁与恨,却是易工,也由于那些怨词悲调是泪的结晶,有时会逗我们洒些同情的泪,所以亡国的李后主,感伤的李义山始终是我们爱读的作家。

天下最爱哭的人莫过于怀春的少女同情海中翻身的青年,可是他们的生活是最有力,色彩最浓,最不虚过的生活。人到老了,生活力渐渐消磨尽了,泪泉也干了,剩下的只是无可无不可,那种将就木的心境和好像慈祥实在是生的疲劳所产生的微笑——我所怕的微笑。十八世纪初期浪漫派诗人格雷在他的《远见依顿学院》里说:流下也就忘记了的泪珠,那是照耀心胸的阳光。

这些热泪只有青年才会有,它是同青春的幻梦同时消灭的,泪尽了,个个人心里都像苏东坡所说的"存亡惯见浑无泪"那样的冷淡了,坟墓的影已染着我们的残年。

(选自《广州日报》2013 年 5 月 23 日)

◎ **学习活动**

一、填一填

梁遇春,我国现代(　　　)、翻译家。1906 年出生于福州一个知识分子家庭,长在北平。他幼年慧颖睿智,成年志高行洁。1922 年考入北京大学英文系,学习 6 年。1928 年毕业后分配在上海暨南大学任教。1929 年回北大图书馆工作,并兼任教学工作。1932 年病逝于北平,享年 26 岁。在他短暂的文学生涯里,留下了二十几种翻译作品(包括三本英国小品文选)和两本随笔集《春醪集》和(《　　　　　》)。

二、读一读

1. 选择自己最喜欢的段落,有感情地朗读。
2. 阅读下面纪伯伦《泪与笑》中的片段,谈谈自己的感受。

我既不愿用人们的欢乐消除我心中的忧伤,也不希望由郁积在胸中的惆怅而铸成的眼泪化为勉强的微笑。但愿我的生活永远充满眼泪与欢笑:泪能够纯洁我的心灵,让我懂得生活的真谛与奥秘。笑能够使我接近我的同胞,是我赞颂神灵的标记。泪是我内心悲痛的宣泄,笑是我生存欢乐的写照。

我愿为追求真善美而死,而不愿碌碌无为虚度一生。因为我鄙视那些饱食终日的可怜虫和行尸走肉。我崇拜那些追求美好未来的有志之士,他们一声忧心的哀叹比悠闲的管弦乐还悦耳动听。

夜幕降临,花朵收拢花瓣儿,怀着渴望进入了梦乡。清晨,它有张开双唇,接受太阳的亲吻。花的一生就是渴望与结交的一生,就是泪与笑的一生。

海水蒸发、升腾、凝聚,化作乌云,在山冈与峡谷上空飘拂。一旦遇到多情的风,它就把自己的泪水洒向广阔的田野,流入江河,注入大海,回到了它的故乡。云的一生就是悲欢离合的一生,就是泪与笑的一生。人也是如此,一旦失去崇高的灵魂,就成了存在于物质世界中的行尸走肉,就像一朵烟云掠过悲愁的高山,飞过欢快的平原,最终,同死亡的风相遇,他又折回原来的地方:回到爱与美的海洋,回到真主的身旁。

人的一生是泪与笑的一生。眼泪可以净化人的心灵，笑声可以增进心灵的交流。悲欢离合、笑语悲愁，这是人最本真的生活状态。我们没必要用人们的欢乐消除自己的悲伤，如果那样就失去了自我；我们也没必要强颜欢笑，戴上虚伪的面纱，如果那样就玷污了自己的灵魂。欢乐的时候，我们就放声大笑；悲痛的时候，我们就用泪水尽情宣泄。一切顺其自然，这才能达到至真至善至美。

三、想一想

1. "我每回看到人们流泪，不管是失恋的刺痛，或者丧亲的悲哀，我总觉人世真是值得一活的。"作者为什么这么说？

2. "我们承认失败了的表现是我们心灵的堡垒下面刺目的降幡"一句使用了什么修辞手法？结合上下文请谈谈你对这句话的理解。

3. 读了本篇课文以后，你对人生有哪些感悟，和同学交流一下。

四、说一说

关于"泪与笑"，你的理解是什么？说说你生活中的"泪语"与"笑事"。

梦 　[奥地利]卡夫卡

◎ 小试牛刀

你能根据下列意思准确填上有关梦的成语吗?

1. (　　) 比喻虚幻不能实现的梦想。

2. (　　) 比喻凭借荒唐的想象胡言乱语。

3. (　　) 像做了一场大梦才醒。比喻被错误的东西蒙蔽了许久,开始醒悟过来。

4. (　　) 把人生当作短暂虚幻的梦境。

5. (　　) 形容万分思念。

6. (　　) 做梦的时候都在追求。形容迫切地期望着。

7. (　　) 比喻时间一拖长,情况可能发生不利的变化。

8. (　　) 比喻过去的一切转眼成空。也比喻不切实际的想法落了空。

9. (　　) 像喝醉酒和做梦那样,昏昏沉沉,糊里糊涂地过日子。

10. (　　) 很舒适地进入梦乡。

◎ 开心一刻

卡夫卡，你是中国人吗？

"我是一个中国人。"这话出自一个奥地利人卡夫卡之口。

但实际上,卡夫卡没来过中国,也不懂中文,他只是通过阅读中国古书的译文和专家们的研究文章来了解中国。

卡夫卡对道家学说非常推崇。在文学创作上,道家学说也对他产生了深刻影响。卡夫卡说他是一个中国人,与我们的中国并没有多少关系,他只是自己想象王国里的公民。

"一天早晨,格里高尔·萨姆从不安的睡梦中醒来,发现自己躺在床上变成了一只巨大的甲虫。"这是卡夫卡那篇著名的小说《变形记》的开头。1912 年 11 月 17 日,一个星期日的早上,他第一次构思了这个震惊 20 世纪文坛的小故事。

你对卡夫卡有多少了解?

◎ 选 文 ★

约瑟夫·K 做了一个梦:

那是个风和日丽的日子,K 想散散步。可是他刚刚走了两步就来到了一座公墓。这里有许多条人工铺设、弯弯曲曲、不便行走的道路,他就在其中一条这样的路上摇摇晃晃地向前滑行着,宛若漂浮在一条湍急的河流上。远处一座新堆成的坟头映入他的眼帘,他想在那座坟头旁歇脚。那座坟头对他几乎有着一股诱惑力,他恨不得一下子就滑到它跟前。可是,有时候他又几乎看不见那座坟头,很多旗帜遮挡着它,那些旗帜飞舞着、翻卷着;虽然看不见旗手,但是仿佛那边响彻着一片欢呼雷动之声。

他再次将目光投向远方,忽然发现那同一个坟头就在自己身旁的路边上,甚至几乎已经到了自己的背后去了。他赶忙跳进草丛里。因为他脚下的那条路还在继续飞快地向前移动,他落地时没有站稳,正巧跪倒在那座坟头前,两个男人站在那座坟头的后面,一起高举着一块墓碑;K 刚刚出现在坟头前,他们马上就把那块墓碑砸进地里,于是,那块墓碑便牢牢竖立在那里。从灌木丛中立刻走出来第三个男人,K 一眼便认出那是一位艺术家。他只穿着裤子和一件纽扣没扣好的衬衣,头上戴一顶天鹅绒便帽,手里拿着一枝普通铅笔,他一面向坟头这边走来,一面用那支铅笔在空中写画着。

现在这位艺术家开始用那支铅笔在墓碑上方写字了;墓碑很高,他根本用不着弯腰,但是他得探身前倾,因为那座坟头将他和墓碑隔开了,而他又不愿意踩那坟头。于是,他就踮着脚,左手撑住墓碑。他以其精湛的技艺,用那枝普通的铅笔写出了金色的字母;他写道:"这里安息着——",每一个字母都显得那么清晰、秀丽,深深地镌刻在墓碑上,金光闪闪。他写完那五个字后,回头看了看 K;这时 K 正焦急地等着看碑文的下文,根本没有注意那个人,两眼只顾盯着那块墓碑。果然,那个人又开始往下写了,但是他写不下去,出现了什么障碍。他放下铅笔,再次向 K 转过身来。于是 K 也望着艺术家,发现那个人面带窘色,但是却说不出他为什么感到窘迫。他先前的全部活力消失了。因此,K 也陷入了窘境;他们相互递着无可奈何的眼色;显然这是一场令人难堪而又无法消除的误会。这时送葬乐队的小钟也不合时宜地响了起来,可是,艺术家举起手使劲地挥了两下,制止住了钟声。过了一会儿,钟声又响起来了;这次非常轻微,而且未经人制止自己便突然停住了,好像它这一次只是为了定定音。看到艺术家的这种窘况,K很伤心,他哭了起来,抱头呜咽了很长时间。艺术家等到K平静下来以后决定不顾一切继续写下去,因为他没有别的办法。他写下的第一小笔就使K喜出望外,可是,艺术家显然是违心地写下这一笔的;字体也不那么秀丽,而且失去了那种金色的光辉,显得苍白无力,整个字母倒是很大。那是一个大写的字母J①,就在那个字母快要写完的时候,艺术家怒气冲冲使劲一脚踩进坟头里,踩得四周的泥土都飞了起来。K终于明白艺术家的意思了;可是,已经来不及请求他宽恕自己了;艺术家用双手刨土,几乎毫不费劲地刨开了;看来一切都预先准备好了,那层薄薄的表土只是用来做做样子的;刨开这层表土,一个墙壁陡峭的巨大墓穴就显现了出来,这时,K感到被一股轻飘的气流从背后一推,便一下坠进了那个墓穴。在下面,他的脑袋还竖立在颈脖上呢,便很快被这无底的深渊吞没了,而在上面,石碑上已经很快地写上了他那遒劲而秀丽的名字。

看到这个情景,他兴奋得醒了过来。

（选自《卡夫卡小说选》,人民文学出版社1994年版）

注 释

①J:这是约瑟夫(Josef)的首个字母。

学习活动

一、填一填

卡夫卡(1883—1924),（　　　　）（国别）小说家。生前默默无闻,身后却获得殊荣,与马塞尔·普鲁斯特、詹姆斯·乔伊斯等并称为（　　　　）文学的先驱和大师,其创作对他以后的现代主义各派都产生了重大影响。

卡夫卡从1909年开始发表作品,1915年因短篇小说（《　　　　》）获冯塔纳德国文学奖。其主要作品有短篇小说《判决》（《　　　　》）《在流放地》《中国长城》《乡村医生》等。

二、说一说

作者在文中描述了一个怎样的梦境？用你自己的话说一说。

三、想一想

1. 仔细读完课文后，闭上眼睛，充分发挥想象力，再现 K 的梦境，说说你的感受。

2. 课文仅仅是记述了一个梦境还是想表达什么？

3. 课文记述了 K 的梦境，具有荒诞性，是非理性的，其主旨仁者见仁，智者见智。你认为课文的荒诞性表现在哪些方面？为什么课文让仁者见仁，智者见智？

四、写一写

"中国梦"，一个带有浓厚的爱国色彩与伟大梦想的词语，代表了中华民族对祖国未来的美好期盼与憧憬，是十三亿中华儿女共同拥有的伟大梦想。你的梦想是什么？写下来，与同学、老师交流。

雷雨（节选） | 曹 禺

◎ 小试牛刀

脸谱，是中国传统戏曲演员脸上的绘画，用于舞台演出时的化妆造型艺术。脸谱对于不同的行当，情况不一。"生""旦"面部妆容简单，略施脂粉。而"净行"与"丑行"面部绘画比较复杂，特别是净，都是重施油彩的，图案复杂，因此称"花脸"。戏曲中的脸谱，主要指"净"的面部绘画。而"丑"，因其扮演喜剧角色，故在鼻梁上抹一小块白粉，俗称小花脸。

你知道不同脸谱的象征意义吗？你能举出一两个对应的人物吗？

红色脸谱：

黑色脸谱：

白色脸谱：

黄色脸谱：

蓝色脸谱：

◎ 开心一刻

真读书假洗澡

抗日战争期间，曹禺在四川江安国立剧专任教。一年夏天，有一次曹禺的家属准备了澡盆和热水，要他去洗澡，此时曹禺正在看书，爱不释手，一推再推，最后在家属的再三催促下，他才一手拿着毛巾，一手拿着书步入内室。一个钟头过去了，未见人出来，房内不时传出稀落的水响声，又一个钟头过去了，情况依旧。曹禺的家属顿生疑惑，推门一看，原来曹禺坐在澡盆里，一手拿着书看，另一只手拿着毛巾在有意无意地拍水。

你了解曹禺和巴金之间的友谊故事吗？

◎ 选 文

〔午饭后,天气很阴沉,更郁热,湿潮的空气,低压着在屋内的人,使人成为烦躁的了。

……

〔朴园点着一支吕宋烟①,看见桌上的雨衣。

周朴园　（向鲁妈）这是太太找出来的雨衣吗?

鲁侍萍　（看着他）大概是的。

周朴园　（拿起看看）不对,不对,这都是新的。我要我的旧雨衣,回头跟太太说。

鲁侍萍　嗯。

周朴园　（看她不走）你不知道这间房子底下人不准随便进来吗?

鲁侍萍　（看着他）不知道,老爷。

周朴园　你是新来的下人?

鲁侍萍　不是的,我找我的女儿来的。

周朴园　你的女儿?

鲁侍萍　四凤是我的女儿。

周朴园　那你走错屋子了。

鲁侍萍　哦。——老爷没有事了?

周朴园　（指窗）窗户谁叫打开的?

鲁侍萍　哦。（很自然地走到窗前,关上窗户,慢慢地走向中门）

周朴园　（看她关好窗门,忽然觉得她很奇怪）你站一站,（鲁妈停）你——你贵姓?

鲁侍萍　我姓鲁。

周朴园　姓鲁。你的口音不像北方人。

鲁侍萍　对了,我不是,我是江苏的。

周朴园　你好像有点无锡口音。

鲁侍萍　我自小就在无锡长大的。

周朴园　（沉思）无锡? 嗯,无锡,（忽而）你在无锡是什么时候?

鲁侍萍　光绪二十年,离现在有三十多年了。

周朴园　哦,三十年前你在无锡?

鲁侍萍　是的,三十多年前呢,那时候我记得我们还没有用洋火呢。

周朴园　(沉思)三十多年前,是的,很远啦,我想想,我大概是二十多岁的时候。那时候我还在无锡呢。

鲁侍萍　老爷是那个地方的人?

周朴园　嗯,(沉吟②)无锡是个好地方。

鲁侍萍　哦,好地方。

周朴园　你三十年前在无锡吗?

鲁侍萍　是,老爷。

周朴园　三十年前,在无锡有一件很出名的事情——

鲁侍萍　哦。

周朴园　你知道吗?

鲁侍萍　也许记得,不知道老爷说的是哪一件?

周朴园　哦,很远的,提起来大家都忘了。

鲁侍萍　说不定,也许记得的。

周朴园　我问过许多那个时候到过无锡的人,我想打听打听。可是那个时候在无锡的人,到现在不是老了就是死了,活着的多半是不知道的,或者忘了。

鲁侍萍　如若老爷想打听的话,无论什么事,无锡那边我还有认识的人,虽然许久不通音信,托他们打听点事情总还可以的。

周朴园　我派人到无锡打听过。——不过也许凑巧你会知道。三十年前在无锡有一家姓梅的。

鲁侍萍　姓梅的?

周朴园　梅家的一个年轻小姐,很贤惠,也很规矩,有一天夜里,忽然地投水死了,后来,后来,——你知道吗?

鲁侍萍　不敢说。

周朴园　哦。

鲁侍萍　我倒认识一个年轻的姑娘姓梅的。

周朴园　哦? 你说说看。

鲁侍萍　可是她不是小姐,她也不贤惠,并且听说是不大规矩的。

周朴园　也许,也许你弄错了,不过你不妨说说看。

鲁侍萍　这个梅姑娘倒是有一天晚上跳的河,可是不是一个,她手里抱着一个刚生下三天的男孩。听人说她生前是不规矩的。

周朴园 (苦痛)哦!

鲁侍萍 她是个下等人,不很守本分的。听说她跟那时周公馆的少爷有点不清白,生了两个儿子。生了第二个,才过三天,忽然周少爷不要她了,大孩子就放在周公馆,刚生的孩子她抱在怀里,在年三十夜里投河死的。

周朴园 (汗涔涔③地)哦。

鲁侍萍 她不是小姐,她是无锡周公馆梅妈的女儿,她叫侍萍。

周朴园 (抬起头来)你姓什么?

鲁侍萍 我姓鲁,老爷。

周朴园 (喘出一口气,沉思地)侍萍,侍萍,对了。这个女孩子的尸首,说是有一个穷人见着埋了。你可以打听得她的坟在哪儿吗?

鲁侍萍 老爷问这些闲事干什么?

周朴园 这个人跟我们有点亲戚。

鲁侍萍 亲戚?

周朴园 嗯,——我们想把她的坟墓修一修。

鲁侍萍 哦——那用不着了。

周朴园 怎么?

鲁侍萍 这个人现在还活着。

周朴园 (惊愕)什么?

鲁侍萍 她没有死。

周朴园 她还在? 不会吧? 我看见她河边上的衣服,里面有她的绝命书。

鲁侍萍 不过她被一个慈善的人救活了。

周朴园 哦,救活啦?

鲁侍萍 以后无锡的人是没见着她,以为她那夜晚死了。

周朴园 那么,她呢?

鲁侍萍 一个人在外乡活着。

周朴园 那个小孩呢?

鲁侍萍 也活着。

周朴园 (忽然立起)你是谁?

鲁侍萍 我是这儿四凤的妈,老爷。

周朴园 哦。

鲁侍萍 她现在老了,嫁给一个下等人,又生了个女孩,境况很不好。

周朴园　你知道她现在在哪儿？

鲁侍萍　我前几天还见着她！

周朴园　什么？她就在这儿？此地？

鲁侍萍　嗯，就在此地。

周朴园　哦！

鲁侍萍　老爷，您想见一见她吗？

周朴园　不，不。谢谢你。

鲁侍萍　她的命很苦。离开了周家，周家少爷就娶了一位有钱有门第的小姐。她一个单身人，无亲无故，带着一个孩子在外乡什么事都做。讨饭，缝衣服，当老妈，在学校里伺候人。

周朴园　她为什么不再找到周家？

鲁侍萍　大概她是不愿意吧？为着她自己的孩子她嫁过两次。

周朴园　嗯，以后她又嫁过两次。

鲁侍萍　嗯，都是很下等的人。她遇人都很不如意，老爷想帮一帮她吗？

周朴园　好，你先下去。让我想一想。

鲁侍萍　老爷，没有事了？（望着朴园，眼泪要涌出）老爷，您那雨衣，我怎么说？

周朴园　你去告诉四凤，叫她把我樟木箱子里那件旧雨衣拿出来，顺便把那箱子里的几件旧衬衣也捡出来。

鲁侍萍　旧衬衣？

周朴园　你告诉她在我那顶老的箱子里，纺绸的衬衣，没有领子的。

鲁侍萍　老爷那种绸衬衣不是一共有五件？您要哪一件？

周朴园　要哪一件？

鲁侍萍　不是有一件，在右袖襟上有个烧破的窟窿，后来用丝线绣成一朵梅花补上的？还有一件——

周朴园　（惊愕）梅花？

鲁侍萍　还有一件绸衬衣，左袖襟也绣着一朵梅花，旁边还绣着一个萍字。还有一件，——

周朴园　（徐徐立起）哦，你，你，你是——

鲁侍萍　我是从前伺候过老爷的下人。

周朴园　哦，侍萍！（低声）怎么，是你？

鲁侍萍　你自然想不到，侍萍的相貌有一天也会老得连你都不认识了。

周朴园　你——侍萍？（不觉地望望柜上的相片，又望鲁妈）

鲁侍萍　朴园，你找侍萍么？侍萍在这儿。

周朴园　（忽然严厉地）你来干什么？

鲁侍萍　不是我要来的。

周朴园　谁指使你来的？

鲁侍萍　（悲愤）命！不公平的命指使我来的。

周朴园　（冷冷地）三十年的工夫你还是找到这儿来了。

鲁侍萍　（愤怨）我没有找你，我没有找你，我以为你早死了。我今天没想到到这儿来，这是天要我在这儿又碰见你。

周朴园　你可以冷静点。现在你我都是有子女的人，如果你觉得心里有委屈，这么大年纪，我们先可以不必哭哭啼啼的。

鲁侍萍　哭？哼，我的眼泪早哭干了，我没有委屈，我有的是恨，是悔，是三十年一天一天我自己受的苦。你大概已经忘了你做的事了！三十年前，过年三十的晚上我生下你的第二个儿子才三天，你为了要赶紧娶那位有钱有门第的小姐，你们逼着我冒着大雪出去，要我离开你们周家的门。

周朴园　从前的旧恩怨，过了几十年，又何必再提呢？

鲁侍萍　那是因为周大少爷一帆风顺，现在也是社会上的好人物。可是自从我被你们家赶出来以后，我没有死成，我把我的母亲可给气死了，我亲生的两个孩子你们家里逼着我留在你们家里。

周朴园　你的第二个孩子你不是已经抱走了吗？

鲁侍萍　那是你们老太太看着孩子快死了，才叫我带走的。（自语）哦，天哪，我觉得我像在做梦。

周朴园　我看过去的事不必再提起来吧。

鲁侍萍　我要提，我要提，我闷了三十年了！你结了婚，就搬了家，我以为这一辈子也见不着你了；谁知道我自己的孩子偏偏命定要跑到周家来，又做我从前在你们家里做过的事。

周朴园　怪不得四凤这样像你。

鲁侍萍　我伺候你，我的孩子再伺候你生的少爷们。这是我的报应，我的报应。

周朴园　你静一静。把脑子放清醒点。你不要以为我的心是死了，你以为一个人做了一件于心不忍的事就会忘了吗？你看这些家具都是你从前顶喜欢的东西,多少年我总是留着,为着纪念你。

鲁侍萍 （低头）哦。

周朴园 你的生日——四月十八——每年我总记得。一切都照着你是正式嫁过周家的人看,甚至于你因为生萍儿,受了病,总要关窗户,这些习惯我都保留着,为的是不忘你,弥补我的罪过。

鲁侍萍 （叹一口气）现在我们都是上了年纪的人,这些傻话请你也不必说了。

周朴园 那更好了。那么我们可以明明白白地谈一谈。

鲁侍萍 不过我觉得没有什么可谈的。

周朴园 话很多。我看你的性情好像没有大改,——鲁贵像是个很不老实的人。

鲁侍萍 你不要怕。他永远不会知道的。

周朴园 那双方面都好。再有,我要问你的,你自己带走的儿子在哪儿?

鲁侍萍 他在你的矿上做工。

周朴园 我问,他现在在哪儿?

鲁侍萍 就在门房等着见你呢。

周朴园 什么?鲁大海?他!我的儿子?

鲁侍萍 他的脚趾头因为你的不小心,现在还是少一个的。

周朴园 （冷笑）这么说,我自己的骨肉在矿上鼓动罢工,反对我!

鲁侍萍 他跟你完完全全是两样的人。

周朴园 （沉静）他还是我的儿子。

鲁侍萍 你不要以为他还会认你做父亲。

周朴园 （忽然）好!痛痛快快地!你现在要多少钱吧?

鲁侍萍 什么?

周朴园 留着你养老。

鲁侍萍 （苦笑）哼,你还以为我是故意来敲诈你,才来的吗?

周朴园 也好,我们暂且不提这一层。那么,我先说我的意思。你听着,鲁贵我现在要辞退的,四凤也要回家。不过——

鲁侍萍 你不要怕,你以为我会用这种关系来敲诈你吗?你放心,我不会的。大后天我就带着四凤回到我原来的地方。这是一场梦,这地方我绝对不会再住下去。

周朴园 好得很,那么一切路费,用费,都归我担负。

鲁侍萍　什么？

周朴园　这于我的心也安一点。

鲁侍萍　你？（笑）三十年我一个人都过了，现在我反而要你的钱？

周朴园　好，好，好，那么，你现在要什么？

鲁侍萍　（停一停）我，我要点东西。

周朴园　什么？说吧？

鲁侍萍　（泪满眼）我——我——我只要见见我的萍儿。

周朴园　你想见他？

鲁侍萍　嗯，他在哪儿？

周朴园　他现在在楼上陪着他的母亲看病。我叫他，他就可以下来见你。不过是——

鲁侍萍　不过是什么？

周朴园　他很大了。

鲁侍萍　（追忆）他大概是二十八了吧？我记得他比大海只大一岁。

周朴园　并且他以为他母亲早就死了的。

鲁侍萍　哦，你以为我会哭哭啼啼地叫他认母亲吗？我不会那样傻的。我难道不知道这样的母亲只给自己的儿子丢人吗？我明白他的地位，他的教育，不容他承认这样的母亲。这些年我也学乖了，我只想看看他，他究竟是我生的孩子。你不要怕，我就是告诉他，白白地增加他的烦恼，他自己也不愿意认我的。

周朴园　那么，我们就这样解决了。我叫他下来，你看一看他，以后鲁家的人永远不许再到周家来。

鲁侍萍　好，我希望这一生不至于再见你。

周朴园　（由衣内取出皮夹的支票签好）很好，这是一张五千块钱的支票，你可以先拿去用。算是弥补我一点罪过。

鲁侍萍　（接过支票）谢谢你。（慢慢撕碎支票）

周朴园　侍萍。

鲁侍萍　我这些年的苦不是你拿钱算得清的。

周朴园　可是你——

〔外面争吵声。鲁大海的声音："放开我，我要进去。"三四男仆声："不成，不成，老爷睡觉呢。"门外有男仆等与鲁大海挣扎声。

周朴园　（走至中门）来人！（仆人由中门进）谁在吵？

仆人　就是那个工人鲁大海！他不讲理，非见老爷不可。

周朴园　哦。（沉吟）那你就叫他进来吧。等一等，叫人到楼上请大少爷下来，我有话问他。

仆人　是，老爷。

〔仆人由中门下。

周朴园　（向鲁妈）侍萍，你不要太固执。这一点钱你不收下，将来你会后悔的。

鲁侍萍　（望着他，一句话也不说）

〔仆人领鲁大海进，大海站在左边，三四仆人立一旁。

鲁大海　（见鲁妈）妈，您还在这儿？

周朴园　（打量鲁大海）你叫什么名字？

鲁大海　（大笑）董事长，您不要同我摆架子，您难道不知道我是谁吗？

周朴园　你？我只知道你是罢工闹得最凶的工人代表。

鲁大海　对了，一点儿也不错，所以才来拜望拜望您。

周朴园　你有什么事吧？

鲁大海　董事长当然知道我是为什么来的。

周朴园　〔摇头〕我不知道。

鲁大海　我们老远从矿上来，今天我又在您府上大门房里从早上六点钟一直等到现在，我就是要问问董事长，对于我们工人的条件，究竟是允许不允许？

周朴园　哦，——那么，那三个代表呢？

鲁大海　我跟你说吧，他们现在正在联络旁的工会呢。

周朴园　哦，——他们没有告诉你旁的事情吗？

鲁大海　告诉不告诉与你没有关系。——我问你，你的意思，忽而软，忽而硬，究竟是怎么回子事？

〔周萍由饭厅上，见有人，想退回。

周朴园　（看周萍）不要走，萍儿！（视鲁妈，鲁妈知周萍为其子，眼泪汪汪地望着他）

周萍　是，爸爸。

周朴园　（指身侧）萍儿，你站在这儿。（向大海）你这么只凭意气是不能交涉事情的。

鲁大海　哼，你们的手段，我都明白。你们这样拖延时候，不过是想去花钱收买少数不要脸的败类,暂时把我们骗在这儿。

周朴园　你的见地也不是没有道理。

鲁大海　可是你完全错了。我们这次罢工是有团结的,有组织的。我们代表这次来并不是来求你们。你听清楚,不求你们。你们允许就允许;不允许,我们一直罢工到底,我们知道你们不到两个月整个地就要关门的。

周朴园　你以为你们那些代表,那些领袖们都可靠吗?

鲁大海　至少比你们只认识洋钱的结合要可靠得多。

周朴园　那么我给你一件东西看。

〔朴园在桌上找电报,仆人递给他;此时周冲④偷偷由左书房进,在旁谛听。

周朴园　(给大海电报)这是昨天从矿上来的电报。

鲁大海　(拿过去读)什么? 他们又上工了。(放下电报)不会,不会。

周朴园　矿上的工人已经在昨天早上复工,你当代表的反而不知道吗?

鲁大海　(惊,怒)怎么矿上警察开枪打死三十个工人就白打了吗? (又看电报,忽然笑起来)哼,这是假的。你们自己假作的电报来离间我们的。(笑)哼,你们这种卑鄙无赖的行为!

周萍　(忍不住)你是谁? 敢在这儿胡说?

周朴园　萍儿! 没有你的话。(低声向大海)你就这样相信你那同来的几个代表么?

鲁大海　你不用多说,我明白你这些话的用意。

周朴园　好,那我把那复工的合同给你瞧瞧。

鲁大海　(笑)你不要骗小孩子,复工的合同没有我们代表的签字是不生效力的。

周朴园　哦,(向仆人)合同! (仆人由桌上拿合同递他)你看,这是他们三个人签字的合同。

鲁大海　(看合同)什么? (慢慢地,低声)他们三个人签了字。他们怎么会不告诉我,自己就签了字了? 他们就这样把我不理啦。

周朴园　对了,傻小子,没有经验只会胡喊是不成的。

鲁大海　那三个代表呢?

周朴园　昨天晚车就回去了。

鲁大海　(如梦初醒)他们三个就骗了我了,这三个没有骨头的东西,他们就把矿上的工人们卖了! 哼,你们这些不要脸的董事长,你们的钱这次又灵了。

周萍 （怒）你混账!

周朴园 不许多说话。（回头向大海）鲁大海，你现在没有资格跟我说话——矿上已经把你开除了。

鲁大海 开除了?!

周冲 爸爸，这是不公平的。

周朴园 （向周冲）你少多嘴，出去!

〔周冲由中门气下。

鲁大海 哦，好，好，（切齿）你的手段我早就领教过，只要你能弄钱，你什么都做得出来。你叫警察杀了矿上许多工人，你还——

周朴园 你胡说!

鲁侍萍 （至大海前）别说了，走吧。

鲁大海 哼，你的来历我都知道，你从前在哈尔滨包修江桥，故意叫江堤出险，——

周朴园 （厉声）下去!

〔仆人等拉大海，说"走! 走!"

鲁大海 （对仆人）你们这些混账东西，放开我，我要说，你故意淹死了两千二百个小工，每一个小工的性命你扣三百块钱! 姓周的，你发的是绝子绝孙的昧心财! 你现在还——

周萍 （忍不住气，走到大海面前，重重地打他两个嘴巴）你这种混账东西!

〔大海立刻要还手，但是被周宅的仆人们拉住。

周萍 打他!

鲁大海 （向周萍高声）你，你! （正要骂，仆人一起打大海。大海头流血。鲁妈哭喊着护大海）

周朴园 〔厉声）不要打人!

〔仆人们停止打大海，仍拉着大海的手。

鲁大海 放开我，你们这一群强盗!

周萍 （向仆人们）把他拉下去。

鲁侍萍 〔大哭起来）哦，这真是一群强盗! （走至周萍面前，抽咽）你是萍，——凭，——凭什么打我的儿子?

周萍 你是谁?

鲁侍萍 我是你的——你打的这个人的妈。

鲁大海　妈,别理这东西,您小心吃了他们的亏。

鲁侍萍　(呆呆地望着周萍的脸,忽而又大哭起来)大海,走吧,我们走吧。(抱着大海受伤的头哭)

〔大海为仆人们拥下,鲁妈亦下。

（选自《雷雨》第二幕,人民文学出版社 1994 年版）

注　释

①吕宋烟:雪茄烟,因菲律宾吕宋岛所产的质量好而得名。

②沉吟:迟疑不决,低声自语。

③涔涔(cén cén):形容汗、泪水不断流下。

④周冲:周朴园和繁漪的儿子。

◎ **学习活动**

一、填一填

1. 曹禺(1910—1996),原名(　　　　　),湖北潜江人,我国杰出的(　　　)和"当代语言艺术大师",和"巴金""老舍"合称"巴老曹"。作品有《雷雨》《　　　》《原野》《　　　》《王昭君》《胆剑篇》(与人合著)等剧本。此外,曹禺还翻译了英国剧作家莎士比亚的《　　　》等。

2. 戏剧是由演员(　　　　)表演的艺术,因而它要受(　　　　)的制约,要适合演出的需要。这就决定了它的一些特征:第一,更典型、更集中地表现社会生活的冲突和斗争;第二,故事情节发生的时间和地点往往(　　　　),登场人物也有一定数量的限制;第三,人物性格和故事情节主要是通过登场人物的(　　　　)来表现;第四,故事情节的发展往往(　　　　)。

3. 戏剧是一种综合的舞台艺术,是把文学、表演、雕塑以及(　　　　　　)(　　　　)(　　　　)等多种艺术综合而成的一种独立的艺术样式。

二、议一议

1. 本文中出场的人物主要有哪几位?他们之间的关系怎样?请画出人物关系表。

2. 周朴园、鲁侍萍、鲁大海等人物性格是怎样的?

3. 戏剧语言包括哪些?

4. 剧本的情节结构一般分为哪四个部分?

三、品一品

1. 曹禺说:"周朴园坏到了连自己都不认为自己是坏人。"这句话该怎么理解?是说他没有一点是非观念,以坏为好吗?

2. 请用三个四字短语概括周朴园的性格特征。

3. 你如何理解侍萍拒收周朴园的钱?

4. 请结合对剧本主题的理解,谈谈以"雷雨"为题的作用。

四、读一读

熟读全文,进入角色,揣摩人物个性化的语言,体味剧本台词的丰富内涵,品读言外之意,并分组分角色朗读课文。

文化之旅

文化是民族的血脉,是人民的精神家园。在我国五千多年文明发展历程中,各族人民紧密团结、自强不息,共同创造出源远流长、博大精深的中华文化,为中华民族发展壮大提供了强大精神力量,为人类文明进步做出了不可磨灭的重大贡献。

当今世界正处在大发展大变革大调整时期,世界多极化、经济全球化深入发展,科学技术日新月异,各种思想文化交流交融交锋更加频繁,文化在综合国力竞争中的地位和作用更加凸显,维护国家文化安全任务更加艰巨,增强国家文化软实力、中华文化国际影响力要求更加紧迫。

我们从历史走来,所以决不可能脱离自己的传统,丢失自己的文化根脉;我们向未来走去,所以绝不应该停留于过去的传统,绝不能故步自封。我们要自信自尊,但是也要认识到自身的缺点不足,以开放的姿态、科学的方法去认识灿烂的中华文化,丰富生机勃发的中华文化。

同学们,现在,让我们一起跟随余秋雨、刘心武、冯骥才、胡适、顾拜旦等中外名人进行一次文化之旅,净化心灵之旅吧。

都江堰(节选) │ 余秋雨

同学们,请写出 20 个你曾经到过或希望到达的地方(国家或地区、城市或乡村),并在对应的括号内用汉语拼音拼写这个地方留给你印象深刻或向往已久的一处名胜古迹(特色建筑工程)名称,看谁写的多,看谁写得准。

例如:(埃及)——(jīnzi tǎ)　　　(济南)——(zhēnzhū quán)

1. (　　　)——(　　　　　)　　2. (　　　　)——(　　　　　)

3. (　　　)——(　　　　　)　　4. (　　　　)——(　　　　　)

5. (　　　)——(　　　　　)　　6. (　　　　)——(　　　　　)

7. (　　　)——(　　　　　)　　8. (　　　　)——(　　　　　)

9. (　　　)——(　　　　　)　　10. (　　　　)——(　　　　　)

11. (　　　)——(　　　　　)　　12. (　　　　)——(　　　　　)

13. (　　　)——(　　　　　)　　14. (　　　　)——(　　　　　)

15. (　　　)——(　　　　　)　　16. (　　　　)——(　　　　　)

17. (　　　)——(　　　　　)　　18. (　　　　)——(　　　　　)

19. (　　　)——(　　　　　)　　20. (　　　　)——(　　　　　)

比 高

一天,大家正议论姚明是如何如何高时,我身旁一位平时最爱抬杠的四川女孩又抬杠了:"姚明算什么高,我们家乡有个人比他高多了!""谁?"大家齐声惊问。"乐山大佛!"她得意地说。众人都被说得晕头转向,有两个戴眼镜的,眼镜都掉了下来……一男孩不服气:"不就七十多米嘛……"话未说完,却被这个四川女孩打断:"才七十多米吗?"旁边另一人很有把握地说:"是七十一米。""所以说,你们这些人连一些基本常识都不懂,"那位四川女孩振振有词,"人家坐着是七十一米,那么站起来呢?"众人跌倒在地……"你倒是让他站起来呀!"那个男孩还是不服气。"哎,人家在江边一坐就是一千多年,风吹雨淋的,早得关节炎了。有本事你去坐几年试试!"众人彻底无语了……

你知道乐山大佛坐落于哪一条江的江畔,修建于哪一个朝代吗?

◎ 选文

二

我去都江堰之前,以为它只是一个水利工程罢了,不会有太大的游观价值。连葛洲坝都看过了,它还能怎么样? 只是要去青城山玩,得路过灌县县城,它就在近旁,就乘便看一眼吧。因此,在灌县下车,心绪懒懒的,脚步散散的,在街上胡逛,一心只想看青城山。

七转八弯,从简朴的街市走进了一个草木茂盛的所在。脸面渐觉滋润,眼前愈显清朗,也没有谁指路,只向更滋润、更清朗的去处走。忽然,天地间开始有些异常,一种隐隐然的骚动,一种还不太响却一定是非常响的声音,充斥周际。如地震前兆,如海啸将临,如山崩即至,浑身起一种莫名的紧张,又紧张得急于趋附。不知是自己走去的还是被它吸去的,终于陡然一惊,我已站在伏龙馆前,眼前,急流浩荡,大地震颤。

即便是站在海边礁石上,也没有像这里这样强烈地领受到水的魅力。海水是雍容大度的聚会,聚会得太多太深,茫茫一片,让人忘记它是切切实实的水,可掬可捧的水。这里的水却不同,要说多也不算太多,但股股叠叠都精神焕发,合在一起比赛着飞奔的力量,踊跃着喧嚣的生命。这种比赛又极有规矩,奔着奔着,遇到江心的分水堤,刷地一下裁割为二,直窜出去,两股水分别撞到了一道坚坝,立即乖乖地转身改向,再在另一道坚坝上撞一下,于是又根据筑坝者的指令来一番调整……也许水流对自己的驯顺有点恼怒了,突然撒起野来,猛地翻卷咆哮,但越是这样越是显现出一种更壮丽的驯顺。已经咆哮到让人心魄俱夺,也没有一滴水溅错了方位。阴气森森间,延续着一场千年的收伏战。水在这里,吃够了苦头也出足了风头,就像一大拨翻越各种障碍的马拉松健儿,把最强悍的生命付之于规整,付之于企盼,付之于众目睽睽。看云看雾看日出各有胜地,要看水,万不可忘了都江堰。

三

这一切,首先要归功于遥远得看不出面影的李冰。

四川有幸,中国有幸,公元前251年出现过一项毫不惹人注目的任命:李冰任蜀郡守。

此后中国千年官场的惯例,是把一批批有所执持的学者遴选①为无所专攻的官僚,而李冰,却因官位而成了一名实践科学家。这里明显地出现了两种判然不同的政治走向,在李冰看来,政治的含义是浚理,是消灾,是滋润,是濡养,它要实施的事儿,既具体又质朴。他领悟了一个道理:既然四川最大的困扰是旱涝,那么四川的统治者必须成为水利学家。

前不久我曾接到一位极有作为的市长的名片,上面的头衔只印了"土木工程师",我立即追想到了李冰。

没有证据可以说明李冰的政治才能,但因有过他,中国也就有过了一种冰清玉洁的政治纲领。

他是郡守,手握一把长锸②站在滔滔的江边,完成了一个"守"字的原始造型。那把长锸,千年来始终与金杖玉玺、铁戟钢锤反复辩论。他失败了,终究又胜利了。

他开始叫人绘制水系图谱。他当然没有在哪里学过水利。但是,以使命为学校,死钻几载,他总结出治水三字经("深淘滩,低作堰")、八字真言("遇湾截角,逢正抽心"),直到20世纪仍是水利工程的圭臬③。

他没有料到,他治水的韬略很快被替代成治人的计谋;他没有料到,他想灌溉的沃土将会时时成为战场,沃土上的稻谷将有大半充作军粮。他只知道,这个人种要想不灭绝,就必须要有清泉和米粮。

他大愚,又大智。他大拙,又大巧。他以田间老农的思维,进入了最澄彻的人类学的思考。

他未曾留下什么生平资料,只留下硬扎扎的水坝一座,让人们去猜详。人们到这儿一次次纳闷:这是谁呢? 死于两千年前,却明明还在指挥水流。站在江心的岗亭前,"你走这边,他走那边"的吆喝声、劝诫声、慰抚声,声声入耳。没有一个人能活得这样长寿。

秦始皇筑长城的指令,雄壮、蛮吓、残忍;他筑堰的指令,智慧、仁慈、透明。

有什么样的起点就会有什么样的延续。长城半是壮胆半是排场,世世代代,大体是这样。直到今天,长城还常常成为排场。

都江堰一开始就清朗可鉴,结果,它的历史也总显出超乎寻常的格调。李冰在世时已考虑事业的承续,命令自己的儿子做 3 个石人,镇于江间,测量水位。李冰逝世 400 年后,也许 3 个石人已经损缺,汉代水官重造高及 3 米的"三神石人"测量水位。这"三神石人"其中一尊即是李冰雕像。这位汉代水官一定是承接了李冰的伟大精魂,竟敢于把自己尊敬的祖师,放在江中镇水测量。他懂得李冰的心意,唯有那里才是他最合适的岗位。这个设计竟然没有遭到反对而顺利实施,只能说都江堰为自己流泻出了一个独特的精神世界。

石像终于被岁月的淤泥掩埋,20 世纪 70 年代出土时,有一尊石像头部已经残缺,手上还紧握着长锸。有人说,这是李冰的儿子。即使不是,我仍然把他看成是李冰的儿子。一位现代作家见到这尊塑像怦然心动,"没淤泥而蔼然含笑,断颈项而长锸在握",作家由此而向现代官场衮衮诸公④诘问:活着或死了应该站在哪里?

出土的石像现正在伏龙馆里展览。人们在轰鸣如雷的水声中向他们默默祭奠。在这里,我突然产生了对中国历史的某种乐观。只要都江堰不坍,李冰的精魂就不会消散,李冰的儿子会代代繁衍。轰鸣的江水便是至圣至善的遗言。

四

继续往前走,看到了一条横江索桥。桥很高,桥索由麻绳、竹篾编成。跨上去,桥身就猛烈摆动,越犹豫进退,摆动就越大。在这样高的地方偷看桥下会神志慌乱,但这是索桥,到处漏空,由不得你不看。一看之下,先是惊吓,后是惊叹。脚下的江流,从那么遥远的地方奔来,一派义无反顾的决绝势头,挟着寒风,吐着白沫,凌厉锐进。我站得这么高还感觉到了它的砭肤冷气,估计它是从雪山赶来的吧。但是,再看桥的另一边,它硬是化作许多亮闪闪的河渠,改恶从善。人对自然力的驯服,干得多么爽利。如果人类干什么事都这么爽利,地球早已是另一副模样。

但是,人类总是缺乏自信,进进退退,走走停停,不停地自我耗损,又不断地为耗损而再耗损。结果,仅仅多了一点自信的李冰,倒成了人们心中的神。离索桥东端不远的玉垒山麓,建有一座二王庙,祭祀李冰父子。人们在虔诚膜拜,膜拜自己同类中更像一点人的人。钟鼓铙磬⑤朝朝暮暮,重一声,轻一声,伴和着江涛轰鸣。

李冰这样的人,是应该找个安静的地方好好纪念一下的,造个二王庙,也合民众心意。

实实在在为民造福的人升格为神,神的世界也就会变得通情达理、平适可亲。中国宗教颇多世俗气息,因此,世俗人情也会染上宗教式的光斑。一来二去,都江堰倒成了连接两界的桥墩。

我到边远地区看傩戏⑥对许多内容不感兴趣,特别使我愉快的是,傩戏中的水神河伯,换成了灌县李冰。傩戏中的水神李冰比二王庙中的李冰活跃得多,民众围着他狂舞呐喊,祈求有无数个都江堰带来全国的风调雨顺,水土滋润。傩戏本来都以神话开头的,有了一个李冰,神话走向实际,幽深的精神天国一下子贴近了大地,贴近了苍生。

(选自《文化苦旅》,东方出版中心 2001 年版,有改动)

注　释

①遴(lín)选:选拔。

②长锸(chā):挖土的工具,铁锹。

③圭臬(guī niè):比喻准则或法度。

④衮衮(gǔn gǔn)诸公:众多居高位而无所作为的官僚。衮衮,众多。

⑤钹(bó)磬(qìng):钹,磬,都是打击乐器。

⑥傩(nuó)戏:地方戏曲剧种之一,流行于安徽贵池、青阳一带以及湖北西部山区。戴柳木面具的演员用反复的、大幅度的程序舞蹈动作表演。

◎ **学习活动**

一、填一填

1. 余秋雨,1946 年 8 月生于浙江省余姚县,当代著名散文家、文化学者。1962年开始发表作品。著有系列散文集(《　　　　　》)(《　　　　　》)《霜冷长河》《千年一叹》《行者无疆》等。

2. 作者在文中描写伏龙观的水,意在衬托都江堰水利工程的巧夺天工。从表现手法上看,属于(　　　　)描写,而非正面描写;从写作顺序上看,由(　　　　)及(　　　　),顺着作者的游踪,先写其(　　　　),后画其形其势;从修辞手法上看,擅用排比等修辞手法,刻画了伏龙观"吃够了苦头也出足了风头"的水之"形"之

"势",生动形象,夺人心魄。请熟读该段文字,找出最能形容作者心情的那一个字——(   )。

二、想一想

1. 揣摩文中第一段的作用并向同学们介绍一下你的想法。

2. 找出文中描写都江堰水流的段落中,运用了对比、比喻、拟人等修辞手法的语句,反复诵读,揣摩其妙处。

3. 联系上下文,说说你对"轰鸣的江水便是至圣至善遗言"的理解。

三、写一写

先查字典或借助网络学读、学写、学用下列字词,然后组织汉字听写活动,再选用其中的3—5个词语,写一段200字左右情景交融的文字。

骚动　前兆　陡然　震颤　礁石　魅力　喧嚣

裁割　驯顺　咆哮　企盼　睽睽　遴选　淋漓

四、读一读

课文节选的文章是《都江堰》的第二、三、四节,文章的第一节是怎样写的呢?请仔细阅读下面提供的《都江堰》第一节,将它与课文整体把握,说说第一节的作用是什么,作者主要运用了什么写作手法凸显"都江堰"的历史地位与作用的。

我以为,中国历史上最激动人心的工程不是长城,而是都江堰。

长城当然也非常伟大,不管孟姜女们如何痛哭流涕,站远了看,这个苦难的民族竟用人力在野山荒漠间修了一条万里屏障,为我们生存的星球留下了一种人类意志力的骄傲。长城到了八达岭一带已经没有什么味道,而在甘肃、陕西、山西、内蒙一带,劲厉的寒风在时断时续的颓壁残垣间呼啸,淡淡的夕阳、荒凉的旷野溶成一气,让人全身心地投入对历史、对岁月、对民族的巨大惊悸,感觉就浓厚得多了。

但是,就在秦始皇下令修长城的数十年前,四川平原上已经完成了一个了不起的工程。它的规模从表面上看远不如长城宏大,却注定要稳稳当当地造福千年。如果说长城占据了辽阔的空间,那么,它却实实在在地占据了邈远的时间。长城的社会功用早已废弛,而它至今还在为无数民众输送汩汩清流,有了它,旱涝无常的四川平原成了天府之国,每当我们民族有了重大灾难,天府之国总是沉着地提供庇护和濡养。因此,可以毫不夸张地说,它永久性地灌溉了中华民族。

有了它,才有诸葛亮、刘备的雄才大略,才有李白、杜甫、陆游的川行华章。说得近一点,有了它,抗日战争中的中国才有了一个比较安定的后方。

它的水流不像万里长城那样突兀在外,而是细细浸润、节节延伸,延伸的距离并不比长城短。长城的文明是一种僵硬的雕塑,它的文明是一种灵动的生活。长城摆出一副老资格等待人们的修缮,它却卑处一隅,像一位绝不炫耀、毫无所求的乡间母亲,只知贡献。一查履历,长城还只是它的后辈。

它,就是都江堰。

十首足矣 | 刘心武

◎ 小试牛刀

请在括号内分别写出 20 位你熟悉的中国古代和现当代诗词（歌词）作家的姓名及其代表作品名称的汉语拼音。

例如：（李白）——（Jìngyè Sī）　　（臧克家）——（Yǒude Rén）

1. (　　　　)——(　　　　)　　2. (　　　　)——(　　　　)

3. (　　　　)——(　　　　)　　4. (　　　　)——(　　　　)

5. (　　　　)——(　　　　)　　6. (　　　　)——(　　　　)

7. (　　　　)——(　　　　)　　8. (　　　　)——(　　　　)

9. (　　　　)——(　　　　)　　10. (　　　　)——(　　　　)

11. (　　　　)——(　　　　)　　12. (　　　　)——(　　　　)

13. (　　　　)——(　　　　)　　14. (　　　　)——(　　　　)

15. (　　　　)——(　　　　)　　16. (　　　　)——(　　　　)

17. (　　　　)——(　　　　)　　18. (　　　　)——(　　　　)

19. (　　　　)——(　　　　)　　20. (　　　　)——(　　　　)

◎ 开心一刻

东北人解读唐诗

1. 王勃：海内存知己，天涯若比邻。——虽然人不在一块儿，可俺们那关系，钢钢的。

2. 岑参：忽如一夜春风来，千树万树梨花开。——真邪乎，就一宿，好家伙，外面的树全白了。

3. 孟浩然：夜来风雨声，花落知多少。——那连风带雨的，把花刮掉老鼻子了。

4. 李白：安能摧眉折腰事权贵,使我不得开心颜。——让俺低三下四给人当孙子,门儿都没有。

5. 陈子昂：前不见古人,后不见来者。——前后瞅了半天,啥玩意儿都没看见。

6. 王维：劝君更尽一杯酒,西出阳关无故人。——再整点儿,咱哥儿俩再喝酒指不定要等到啥时候呢!

你还能背诵上述诗人的其他诗歌名句吗?

◎ 选文

香港一家文化机构不久前举办了一项"最受欢迎唐诗"选举,结果投票者从成千上万首唐诗中票数相当集中地选出十首来。

列在榜首的是孟郊的《游子吟》:"慈母手中线,游子身上衣。临行密密缝,意恐迟迟归。谁言寸草心,报得三寸晖!"

大家都懂得这是一首歌颂母亲的诗。但这首语言质朴的诗歌为什么在经历了千年的传诵后,至今仍具有最强的感染力? 要理解这一奥秘,我们就必须体会到,人生在世——广义而言,无人不在羁旅之中,旅途中人固然着眼于前程,特别是实利,却不能不有所眷念,不能不保留一段热肠一片温情,不能见利而忘义,不能丧失良知人道。因而那"慈母"所构成的意象便超越了狭义的生母,而象征着孕育抚养调教指引了我们个体生命的所有外在因素,使我们对个体与他人与群体的和谐,产生出一种向往,引发出切实的努力。

香港人这回选出的十首唐诗都是最常见于各类选本和最易读懂字面意思的短诗,除《游子吟》外,其余九首依次是:

第二首是杜牧的《清明》:"清明时节雨纷纷,路上行人欲断魂。借问酒家何处有? 牧童遥指杏花村。"这首诗为什么荣列亚军? 难道仅仅是因为如画如乐,明丽清新? 我以为其中也蕴含着一种温馨的人性,在"行人"与"牧童"的亲和之中,体现出一种人生乐趣的健康追求。能进入这个诗境内外的人,他忍心将那牧童绑票以谋求一己的私欲吗?

第三首是李白的《静夜思》:"床前明月光,疑是地上霜。举头望明月,低头思故乡。"乡土之恋,是一种最基本的人性,乡土往往决定了自己的人种属性、民族血缘、家庭谱系,乡恋之情会使我们意识到个体血脉与他人与群体的承续关系,"父老乡亲"构成了一个固定的词,很难想象对李白这首千古绝唱的怀乡诗有所感悟的人,会自己居华屋食佳肴而将老父老母驱入猪圈掷以残羹!

第四首是王之涣的《登鹳雀楼》:"白日依山尽,黄河入海流。欲穷千里目,更上一层楼!"人生的境界,便应如此宏阔。

第五首是李商隐的《乐游原》:"向晚意不适,驱车登古原。夕阳无限好,只是近黄昏!"在体味到人生有层楼可上的同时,又深知人生的有限,以一种彻悟的心态维系一种进退的度数。吃透了这两首诗精髓的人,又有哪位会短视到谋取近利而不顾廉耻、妄想永葆荣华而贪得无厌呢?

第六首是孟浩然的《春晓》:"春眠不觉晓,处处闻啼鸟。夜来风雨声,花落知多少。"

第七首是白居易的《赋得古原草送别》:"离离原上草,一岁一枯荣。野火烧不尽,春风吹又生。远芳侵古道,晴翠接荒城。又送王孙去,萋萋满别情。"

第八首是李绅的《悯农》:"锄禾日当午,汗滴禾下土。谁知盘中餐,粒粒皆辛苦!"我想一个多少能从这些诗名中感受到对落花这种最普通生物的怜惜,对野草这种最卑微事物枯荣的关切以及对最普通的劳动者汗珠的珍惜的美好情愫的人,他是决计不可能对活泼泼儿童的生命粗暴戕害的!

最后两首是李白的《早发白帝城》,"朝辞白帝彩云间,千里江陵一日还。两岸猿声啼不住,轻舟已过万重山"和贺知章的《回乡偶书》:"少小离家老大回,乡音无改鬓毛衰。儿童相见不相识,笑问客从何处来?"一是把我们引到大自然的奇瑰怀抱中,一是将我们导入人世间最朴素的人情中,反复咏诵这样一些明白如话而又美不胜收的诗句,我们灵魂上纵有厚尘积垢,总也能涤出一些真善美来吧?

我想许多读者当会讶怪我何以如此常见的唐诗也要首首俱录,但这十首唐诗实在最常诵常新,即使过录一遍,灵魂也总有一种难言的欣悦!倘有的读者连这十首唐诗也不能逐一背诵或简直有的还是头一回读到,那么我恳求他们一定要把这十首唐诗背诵下来,从一定意义上说,这十首唐诗凝聚着我们中华民族文化传统中最值得珍惜和承袭的精华,并且也体现着我们中华民族对美的追求所达到的一种全人类必须仰望的高度。工作太忙吗?事情太多吗?赚钱必须抓紧吗?唱卡拉OK搓麻将跳迪斯科练气功求算命遛鸟养鱼喂猫饲狗再没有空闲吗?当然,谁能强求谁呢?人们各自安排着属于自己的生活,但我仍要近乎痴憨地吁请人们在纷忙的生活中读一点唐诗背一点唐诗品一点唐诗悟一点唐诗——不必太多,十首足矣!

(选自《视野》2006 年第 22 期)

◎ **学习活动**

一、填一填

刘心武,1948 年生,以短篇小说(《＿＿＿＿＿＿》)成名,该作被视为"伤痕文学"的代表作。其作品以关注现实为特征,其长篇小说(《＿＿＿＿＿＿》)曾获得茅盾文学奖,是当代主流作家之一。

二、想一想

1. 为什么香港人把《游子吟》列在榜首?

2. 从《清明》《静夜思》中我们可以领悟到什么?

3. 从《登鹳雀楼》和《乐游原》中我们能体味到什么?

4. 作者把《春晓》《赋得古原草送别》《悯农》三首唐诗放在一起欣赏有何意图?

三、背一背

背诵课文中提到的十首唐诗。在此基础上,以小组为单位组织诵读比赛。

四、练一练

请同学们任意选择其中一首诗歌,书写在专用习字纸上,选出 10 件优秀作品张贴在本班教室展览。

五、赏一赏

以下挑选了本文中提到的唐诗作者其他的诗作各一首,请诵读欣赏。

游子诗

孟 郊

萱草生堂阶,游子行天涯。

慈亲倚堂门,不见萱草花。

赠 别

杜 牧

多情却似总无情,唯觉樽前笑不成。

蜡烛有心还惜别,替人垂泪到天明。

闻王昌龄左迁龙标遥有此寄
李　白

杨花落尽子规啼,闻道龙标过五溪。
我寄愁心与明月,随风直到夜郎西。

送　别
王之涣

杨柳东风树,青青夹御河。
近来攀折苦,应为别离多。

谒　山
李商隐

从来系日乏长绳,水去云回恨不胜。
欲就麻姑买沧海,一杯春露冷如冰。

渡浙江问舟中人
孟浩然

潮落江平未有风,扁舟共济与君同。
时时引领望天末,何处青山是越中。

大林寺桃花
白居易

人间四月芳菲尽,山寺桃花始盛开。
长恨春归无觅处,不知转入此中来。

古风二首(其一)
李　绅

春种一粒粟,秋收万颗子。
四海无闲田,农夫犹饿死。

差不多先生传 ｜ 胡 适

◎ 小试牛刀

查字典,请给下列词语注音,准确把握词义及用法后,用下列词语造句。

1. 差错(　　　)　　　　2. 间或(　　　)

3. 角逐(　　　)　　　　4. 称职(　　　)

5. 创伤(　　　)　　　　6. 不肖(　　　)

7. 供养(　　　)　　　　8. 敷衍(　　　)

9. 谄媚(　　　)　　　　10. 雏形(　　　)

11. 福祉(　　　)　　　　12. 感慨(　　　)

13. 皈依(　　　)　　　　14. 关隘(　　　)

15. 渲染(　　　)　　　　16. 琐屑(　　　)

17. 岿然(　　　)　　　　18. 奇葩(　　　)

19. 咫尺(　　　)　　　　20. 炽热(　　　)

◎ 开心一刻

干不了,谢谢

上个世纪 30 年代初,胡适在北京大学任教授。讲课时他常常对白话文大加称赞,引起一些只喜欢文言文而不喜欢白话文的学生的不满。一次,胡适正讲得得意的时候,一位姓魏的学生突然站了起来,生气地问:胡先生,难道说白话文就毫无缺点吗? 胡适微笑着回答说:没有。那位学生更加激动了:肯定有! 白话文废话太多,打电报用字多,花钱多。胡适的目光顿时变亮了。他轻声地解释说:不一定吧! 前几天有位朋友给我打来电报,请我去政府部门工作,我决定不去,就回电拒绝了。复电是用白话写的,看来也很省字。请同学们根据我这个意思,用文言文写一个回

127

电,看看究竟是白话文省字,还是文言文省字?

15 分钟过去,胡适挑了一份用字最少的文言电报稿:才疏学浅,恐难胜任,不堪从命。白话文的意思是:学问不深,恐怕很难担任这个工作,不能服从安排。胡适说:这份写得确实不错,仅用了十二个字。但我的白话文电报稿却只用了五个字:干不了,谢谢!胡适解释说:"干不了"就有才疏学浅、恐难胜任的意思;"谢谢"既对朋友的介绍表示感谢,又有拒绝的意思。所以,废话多不多,并不看它是文言文还是白话文,只要注意选用字词,白话文是可以比文言文更省字的。

你对胡适了解多少?请百度一下吧!

◎ 选 文

你知道中国最有名的人是谁?

提起此人,人人皆晓,处处闻名。他姓差,名不多,是各省各县各村人氏。你一定见过他,一定听过别人谈起他。差不多先生的名字天天挂在大家的口头,因为他是中国全国人的代表。

差不多先生的相貌和你和我都差不多。他有一双眼睛,但看得不很清楚;有两只耳朵,但听得不很分明;有鼻子和嘴,但他对于气味和口味都不很讲究。他的脑子也不小,但他的记性却不很精明,他的思想也不很细密。

他常常说:"凡事只要差不多,就好了。何必太精明呢?"

他小的时候,他妈教他去买红糖,他买了白糖回来。他妈骂他,他摇摇头说:"红糖白糖不是差不多吗?"

他在学堂的时候,先生问他:"直隶省的西边是哪一省?"他说是陕西。先生说:"错了。是山西,不是陕西。"他说:"陕西同山西,不是差不多吗?"

后来他在一个钱铺里做伙计;他会写字,也会算,只是总不会精细。十字常常写成千字,千字常常写成十字。掌柜的生气了,常常骂他。他只是笑嘻嘻地赔小心道:"千字比十字只多一小撇,不是差不多吗?"

有一天,他为了一件要紧的事,要搭火车到上海去。他从从容容地走到火车站,迟了两分钟,火车已开走了。他白瞪着眼,望着远远的火车上的煤烟,摇摇头道:"只好明天再走了,今天走同明天走,也还差不多。可是火车公司未免太认真了。8:30 分开,同 8:32 分开,不是差不多吗?"他一面说,一面慢慢地走回家,心里总不明白:为什么火车不肯等他两分钟。

有一天,他忽然得了急病,赶快教家人去请东街的汪医生。那家人急急忙忙地跑去,一时寻不着东街的汪大夫,却把西街牛医王大夫请来了。差不多先生病在床上,知道寻错了人;但病急了,身上痛苦,心里焦急,等不得了,心里想道:"好在王大夫同汪大夫也差不多,让他试试看吧。"于是这位牛医王大夫走近床前,用医牛的法子给差不多先生治病。不上一点钟,差不多先生就一命呜呼了。

差不多先生差不多要死的时候,一口气断断续续地说道:"活人同死人也差……差……差不多,凡事只要……差……差……不多……就……好了,何……何……必……太……太认真呢?"他说完了这句格言,方才绝气了。

他死后,大家都很称赞差不多先生样样事情看得破,想得通;他家都说他一生不肯认真,不肯算账,不肯计较,真是一位有德行的人。于是大家给他取个死后的法号,叫他做圆通大师。

他的名誉越传越远,越久越大。无数无数的人都学他的榜样。于是人人都成了一个差不多先生。然而中国从此就成为一个懒人国了。

(选自《胡适读书与做人》,国际文化出版公司 2013 年版)

学习活动

一、填一填

胡适(1891—1962),字(　　　),现代著名学者、社会活动家,安徽省绩溪县人。出身徽商之家,1910 年留学美国,1915 年成为实用主义哲学大师(　　　　　)的学生,1917 年回国任北京大学教授。他学识渊博,拥有三十多个博士头衔;1917 年发表(《　　　　　　》),揭开中国现代文学革命运动的第一页;他大力提倡白话文,并创作出版了现代文学史上第一部白话诗集(《　　　　　　》)。

二、想一想

1. 文中"差不多先生"指的是哪一种人?

2. 第二段中说差不多先生"是各省各县各村人氏",这句话的含义是什么?

3. 差不多先生做事不肯认真,死后为什么还得到大家的称赞?

4. 作者为差不多先生立传的用意是什么?

5. 联系现实生活,谈谈"差不多"这种处世态度的危害,以及你从文章中获得的启示。

三、辨一辨

找找生活中跟"差不多"同义的词语(短语)和反义的词语(短语)。

例如:同义词语:马马虎虎;反义词语:毫厘不爽

四、赏一赏

阅读欣赏鲁迅《阿Q正传》节选,联系实际,谈谈你对阿Q的"精神胜利法"和差不多先生的"差不多主义"的认识。

第二章 优胜记略

阿Q不独是姓名籍贯有些渺茫,连他先前的"行状"也渺茫。因为未庄的人们之于阿Q,只要他帮忙,只拿他玩笑,从来没有留心他的"行状"的。而阿Q自己也不说,独有和别人口角的时候,间或瞪着眼睛道:

"我们先前——比你阔的多啦! 你算是什么东西!"

阿Q没有家,住在未庄的土谷祠里;也没有固定的职业,只给人家做短工,割麦便割麦,春米便春米,撑船便撑船。工作略长久时,他也或住在临时主人的家里,但一完就走了。所以,人们忙碌的时候,也还记起阿Q来,然而记起的是做工,并不是"行状";一闲空,连阿Q都早忘却,更不必说"行状"了。只是有一回,有一个老头子颂扬说:"阿Q真能做!"这时阿Q赤着膊,懒洋洋的瘦伶仃的正在他面前,别人也摸不着这话是真心还是讥笑,然而阿Q很喜欢。

阿Q又很自尊,所有未庄的居民,全不在他眼睛里,甚而至于对于两位"文童"也有以为不值一笑的神情。夫文童者,将来恐怕要变秀才者也;赵太爷、钱太爷大受居民的尊敬,除有钱之外,就因为都是文童的爹爹,而阿Q在精神上独不表格外的崇奉,他想:我的儿子会阔得多啦! 加以进了几回城,阿Q自然更自负,然而他又很鄙薄城里人,譬如用三尺长三寸宽的木板做成的凳子,未庄叫"长凳",他也叫"长凳",城里人却叫"条凳",他想:这是错的,可笑! 油煎大头鱼,未庄都加上半寸长的葱叶,城里却加上切细的葱丝,他想:这也是错的,可笑! 然而未庄人真是不见世面的可笑的乡下人呵,他们没有见过城里的煎鱼!

阿Q"先前阔",见识高,而且"真能做",本来几乎是一个"完人"了,但可惜他体质上还有一些缺点。最恼人的是在他头皮上,颇有几处不知起于何时的癞疮疤。这虽然也在他身上,而看阿Q的意思,倒也似乎以为不足贵的,因为他讳说"癞"以及一切近于"赖"的音,后来推而广之,"光"也讳,"亮"也讳,再后来,连"灯""烛"都讳了。一犯讳,不问有心与无心,阿Q便全疤通红的发起怒来,估量了对手,口讷的他便骂,气力小的他便打;然而不知怎么一回事,总还是阿Q吃亏的时候多。于是他渐渐的变换了方针,大抵改为怒目而视了。

谁知道阿Q采用怒目主义之后,未庄的闲人们便愈喜欢玩笑他。一见面,他们便假作吃惊的说:

"哙,亮起来了。"

阿Q照例的发了怒,他怒目而视了。

"原来有保险灯在这里!"他们不怕。

阿Q没有办法,只得另外想出报复的话来:

"你还不配……"这时候,又仿佛在他头上的是一种高尚的光荣的癞头疮,并非平常的癞头疮了;但上文说过,阿Q是有见识的,他立刻知道和"犯忌"有点抵触,便不再往底下说。

闲人还不完,只撩他,于是终而至于打。阿Q在形式上打败了,被人揪住黄辫子,在壁上碰了四五个响头,闲人这才心满意足的得胜的走了,阿Q站了一刻,心里想,"我总算被儿子打了,现在的世界真不像样……"于是也心满意足的得胜的走了。

阿Q想在心里的,后来每每说出口来,所以凡有和阿Q玩笑的人们,几乎全知道他有这一种精神上的胜利法,此后每逢揪住他黄辫子的时候,人就先一着对他说:

"阿Q,这不是儿子打老子,是人打畜生。自己说:人打畜生!"

阿Q两只手都捏住了自己的辫根,歪着头,说道:

"打虫豸,好不好? 我是虫豸——还不放么?"

但虽然是虫豸,闲人也并不放,仍旧在就近什么地方给他碰了五六个响头,这才心满意足的得胜的走了,他以为阿Q这回可遭了瘟。然而不到十秒钟,阿Q也心满意足的得胜的走了,他觉得他是第一个能够自轻自贱的人,除了"自轻自贱"不算外,余下的就是"第一个"。状元不也是"第一个"么? "你算是什么东西"呢!?

阿Q以如是等等妙法克服怨敌之后,便愉快的跑到酒店里喝几碗酒,又和别人调笑一通,口角一通,又得了胜,愉快的回到土谷祠,放倒头睡着了。假使有钱,他便去押牌宝,一堆人蹲在地面上,阿Q即汗流满面的夹在这中间,声音他最响:

"青龙四百!"

"咳……开……啦!"桩家揭开盒子盖,也是汗流满面的唱。"天门啦……角回啦！人和穿堂空在那里啦！阿Q的铜钱拿过来……！"

"穿堂一百……一千五十！"

阿Q的钱便在这样的歌吟之下，渐渐的输入别个汗流满面的人物的腰间。他终于只好挤出堆外，站在后面看，替别人着急，一直到散场，然后恋恋的回到土谷祠，第二天，肿着眼睛去工作。

但真所谓"塞翁失马安知非福"罢，阿Q不幸而赢了一回，他倒几乎失败了。

这是未庄赛神的晚上。这晚上照例有一台戏，戏台左近，也照例有许多的赌摊。做戏的锣鼓，在阿Q耳朵里仿佛在十里之外；他只听得桩家的歌唱了。他赢而又赢，铜钱变成角洋，角洋变成大洋，大洋又成了迭。他兴高采烈得非常：

"天门两块！"

他不知道谁和谁为什么打起架来了。骂声打声脚步声，昏头昏脑的一大阵，他才爬起来，赌摊不见了，人们也不见了，身上有几处很似乎有些痛，似乎也挨了几拳几脚似的，几个人诧异的对他看。他如有所失的走进土谷祠，定一定神，知道他的一堆洋钱不见了。赶赛会的赌摊多不是本村人，还到那里去寻根底呢？

很白很亮的一堆洋钱！而且是他的——现在不见了！说是算被儿子拿去了罢，总还是忽忽不乐；说自己是虫豸罢，也还是忽忽不乐：他这回才有些感到失败的苦痛了。

但他立刻转败为胜了。他擎起右手，用力的在自己脸上连打了两个嘴巴，热剌剌的有些痛；打完之后，便心平气和起来，似乎打的是自己，被打的是别一个自己，不久也就仿佛是自己打了别个一般，——虽然还有些热剌剌，——心满意足的得胜的躺下了。

他睡着了。

古希腊的石头 | 冯骥才

◎ 小试牛刀

写出 20 个中外城市名字,并写出当地的名胜古迹名称,从中挑选一个你熟悉的名胜古迹向同学们介绍一下它的现状。

例如:北京—故宫　　　　开罗—金字塔

1. (　　　　　　　) 　　2. (　　　　　　　)
3. (　　　　　　　) 　　4. (　　　　　　　)
5. (　　　　　　　) 　　6. (　　　　　　　)
7. (　　　　　　　) 　　8. (　　　　　　　)
9. (　　　　　　　) 　 10. (　　　　　　　)
11. (　　　　　　　) 　12. (　　　　　　　)
13. (　　　　　　　) 　14. (　　　　　　　)
15. (　　　　　　　) 　16. (　　　　　　　)
17. (　　　　　　　) 　18. (　　　　　　　)
19. (　　　　　　　) 　20. (　　　　　　　)

◎ 开心一刻

睿智的回答

冯骥才出访法国,在一次出席法国人欢迎他的宴会上,许多西方记者蜂拥而至,接二连三地向他提问。其中一个记者问:"尊敬的冯先生,贵国改革开放,学习西方资本主义国家的东西,你们不担心变成资本主义吗?"冯骥才幽默地答道:"不!人吃了猪肉不会变成猪,吃了牛肉不会变成牛。"冯骥才的回答顿时博得了众人的喝彩和掌声。

冯骥才是我国著名作家,同时他还是一名政协委员,你知道他在写作之余的关注点吗? 百度一下,说一说他持有什么样的观点,你赞同吗?

◎ 选 文

　　每到一个新地方,首先要去当地的博物馆。只要在那里边呆上半天或一天,很快就会与这个地方"神交"上了。故此,在到达雅典的第二天一早,我便一头扎进举世闻名的希腊国家考古博物馆。

　　我在那些欧洲史上最伟大的雕像中间走来走去,只觉得我的眼睛——被那个比传说还神奇的英雄时代所特有的光芒照得发亮。同时,我还发现所有雕像的眼睛都睁得很大,眉清目朗,比我的眼睛更亮! 我们好像互相瞪着眼,彼此相望。尤其是来自克里特岛那些壁画上人物的眼睛,简直像打开的灯! 直叫我看得神采焕发! 在艺术史上,阳刚时代艺术中人物的眼睛,总是炯炯有神;阴暗时期艺术中人物的眼睛,多半暧昧不明。当然,"文革"美术除外,因为那个极度亢奋时代的人们全都注射了一种病态的政治激素。

　　我承认,希腊人的文化很对我的胃口。我喜欢他们这些刻在石头上的历史与艺术。由于石头上的文化保留得最久,所以无论是希腊人,还是埃及人、玛雅人、巴比伦人以及我们中国人,在初始时期,都把文化刻在坚硬的石头上。这些深深刻进石头里的文字与图像,顽强又坚韧地表达着人类对生命永恒的追求,以及把自己的一切传之后世的渴望。

　　然而,永恒是达不到的。永恒只是很长很长的时间而已。古希腊人已经在这时间旅程中走了三四千年。证实这三四千年的仍然是这些文化的石头。可是如今我们看到了,石头并非坚不可摧。世界上没有任何东西可以把人带到永远。在岁月的翻滚中,古希腊人的石头已经满是裂痕与缺口,有的只剩下一些残块和断片。

　　在博物馆的一个展厅,我看到一截石雕的男子的左臂。虽然只是这么一段残臂,却依然紧握拳头,昂然地向上弯曲着,皮肤下面的血管鼓胀,脉搏在这石臂中有力地跳动。我们无法看见这手臂连接着的雄伟的身躯,但完全可以想见这位男子英雄般的形象。一件古物背后是一片广阔的历史风景。历史并不因为它的残缺而缺少什么。残缺,却表现着它的经历,它的命运,它的年龄,还有一种岁月感。岁月感就是时间感。当事物在无形的时间历史中穿过,它便被一点点地消损与改造,因而便变得古旧、龟裂、剥落与含混,同时也就沉静、苍劲、深厚、斑驳和朦胧起来。

于是一种美出现了。

这便是古物的历史美。历史美是时间创造的。所以它又是一种时间美。我们通常是看不见时间的。但如果你留意，便会发现时间原来就停留在所有古老的事物上。比如那深幽的树洞，凹陷的老街，泛黄的旧书，磨光的椅子，手背上布满的沟样的皱纹，还有晶莹而飘逸的银发……它们不是全都带着岁月和时间深情的美感吗？

这也是一种文化美。因为古老的文化都具有悠远的时间的意味。

时间在每一件古物的体内全留下了美丽的生命的年轮，不信你掰开看一看！

凡是懂得这一层美感的，就绝不会去将古物翻新，甚至做更愚蠢的事——复原。

站在雅典卫城上，我发现对面远远的一座绿色的小山顶上，爽眼地竖立着一座白色的石碑。碑上隐隐约约坐着一两尊雕像。我用力盯着看，竟然很像是佛像！我一直对古希腊与东方之间雕塑史上那段奇缘抱有兴趣。便兴冲冲走下卫城，跟着爬上了对面那座名叫阿雷奥斯·帕果斯的草木葱茏的小山。

山顶的石碑是一座高大的雕着神像的纪念碑。由于历时久远，一半已然缺失。石碑上层的三尊神像，只剩下两尊，都已经失去了头颅，可是他们仍然气宇轩昂地坐在深凹的洞窟里。这时，使我惊讶的是，它竟比我刚才在几公里之外看到的更像是两尊佛像。无论是它的窟形，还是从座椅垂落下来的衣裙，乃至雕刻的衣纹，都与敦煌和云冈中那些北魏与西魏的佛像酷似！如果我们将两个佛头安装上去，也会十分和谐的！于是，它叫我神驰万里，一下子感到纪元前丝绸之路上那段早已逝去的令人神往的历史——从亚历山大东征到希腊人在犍陀罗①为原本没有偶像崇拜的印度人雕刻佛像，再到佛教东渐与中国化的历史——陡然地掉转过头，五彩缤纷地扑面而来。

原来时间隧道就在希腊人的石头中间！在这隧道里，我似乎已经触摸到消失了数千年的那一段时光了。这时光的触觉，光滑、柔软、流动，还有一些神秘的凹凸的历史轮廓。我静静坐在山顶一块山石上，默默享受着这种奇异和美妙的感受，直到夕阳把整个石碑染得金红，仿佛一块烧透了的熔岩。

由此，我找到了逼真地进入希腊历史的秘密。

我便到处去寻访古老的文化的石头。从那一片片石头的遗址中找到时光隧道的入口，钻进去。

然而，我发现希腊到处全是这种石头。希腊人说他们最得意的三样东西就是：

阳光、海水和石头。从德尔菲的太阳神庙到苏纽的海神庙，从埃皮达洛夫洛斯的露天剧场到迈锡尼的损毁的城堡，它们简直全是巨大的石头的世界。可是这些石头早已经老了。它们残缺和发黑，成片地散布在宽展的山坡或起伏的丘陵上。数千年前，它们曾是堆满财富的王城，聆听神谕②的圣坛或人间英雄们竞技的场所。但历史总是喜新厌旧的。被时光的筛子筛下来的只有这些破碎的房宇、残垣败壁、断碑，兀自竖立的石柱，东一个西一个的柱头或柱础。

尽管无情的历史遗弃它，有心的希腊人却无比珍惜它。他们保护这些遗址的方式在我们看来十分奇特，他们绝不去动一动历史遁去之后的"现场"。一棵石柱在一千年前倒在那里，今天绝不去把它扶立起来，因为这是历史的本来面目，尊重历史就是不更改历史。当然他们又不是对这些先人的创造不理不管。常常会有一些"文物医生"拿着针管来，为一些正在开裂的石头注射加固剂，或者定期清洗现代工业造成的酸雨给这些石头带来的污迹。他们做得小心翼翼。好像这些石头在他们手中依然是活着的需要呵护的生命。

他们使我们认识到，每一块看似冰冷的古老的石头，其实并没有死亡，它们犹然带着昔时的气息。它们各自不同的形态都是历史的表情，石头上的残痕则是它们命运的印记与年龄的刻度。认识到这些，便会感到我们已身在历史中间。如果你从中发现到一个非同寻常的细节，那就极有可能是神奇的时间隧道的洞口了。

迈锡尼遗址给人的感受真是一种震撼。这座三千多年前用巨石砌成的城堡，如今已是坍塌在山野上的一片废墟。被时光磨砺得分外粗糙的巨大的石块与齐腰的荒草混在一起。然而，正是这种历史的原生态，才确切地保留着它最后毁灭于战火时惊人的景象。如果细心察看，仍然可以从中清晰地找到古堡的布局，不同功能的房舍与纵横的甬道。1876 年德国天才的考古学家谢里曼就是从这里找到了一个时光隧道的入口，从隧道里搬出了伟大的荷马说过的那些黄金财宝和精美绝伦的"迈锡尼文化"——他实际是活灵活现地搬出来古希腊那一段早已泯灭了的历史。谢里曼说，在发掘出这些震惊世界的迈锡尼宝藏的当夜，他在这荒凉的遗址上点起篝火。他说这是 2244 年以来的第一次火光。这使他想起当年阿伽门农王夜里回到迈锡尼时，王后克莉登奈斯特拉和她的情夫伊吉吐斯战战兢兢看到的火光。这跳动的火光照亮了一对狂恋中的情人眼睛里的惊恐与杀机。

今天，入夜后我们如果在遗址点上篝火，一样可以看到古希腊这惊人的一幕，我们的想象还会进入那场以情杀为背景的毁灭性的内战中去。因为，迈锡尼遗址一切都是原封不动的。时光隧道还在那些石头中间。于是我想，如要把迈锡尼交给我们——我们是不是要把迈锡尼散乱的石头好好"整顿"一番,摆放得整整齐齐;再将倾毁的城墙重新砌起来;甚至突发奇想,像大声呼喊着"修复圆明园"一样,把迈锡尼复原一新。如若这样,历史的魂灵就会一下子逃离而去。

珍视历史就是保护它的原貌与原状。这是希腊人给我们的启示。

那一天,天气分外好。我们驱车去苏纽的海神庙。车子开出雅典,一路沿着爱琴海,跑了三个小时。右边的车窗上始终是一片纯蓝,像是电视的蓝屏。

海神庙真像在天涯海角。它高踞在一块伸向海里的险峻的断崖上。看似三面环海,视野非常开阔。这视野就是海神的视野。而希腊的海神波塞冬就同中国人的海神妈祖一样,护佑着渔舟与商船的平安。但不同的是,波塞冬还有一个使命是要庇护战船。因为波斯人与希腊人在海上的争雄,一直贯穿着这个英雄国度的全部历史。

可是,这座纪元前的古庙,现今只有石头的庙基和两三排光秃秃的多里克石柱了。石柱上深深的沟槽快要被时光磨平。还有一些断柱和建筑构件的碎块,分散在这崖顶的平台上,依旧是没人把它们"规范"起来。没有一个希腊人敢于胆大包天地修改历史。这些质地较软的大理石残件,经受着两千多年的阵阵海风的吹来吹去,正在一点点变短变小,有几块竟然差不多要消没在地面中了;一些石头表面还像流质一样起伏。这是海风在上边不停地翻卷的结果。可就是这样一种景象,使得分外强烈的历史感一下子把我包围起来。

纯蓝的爱琴海浩无际涯,海上没有一只船,天上没有鹰鸟,也没有飞机。无风的世界了无声息,只有明媚的阳光照耀着古希腊这些苍老而洁白的石头。天地间,也只有这些石头能够解释此地非凡的过去。甚至叫我想起爱琴海的名字来源于爱琴王——那个悲痛欲绝的故事。爱琴王没有等到出征的王子乘着白色的帆船回来,他绝望地跳进了大海。这大海是不是在那一瞬变成这样深浓而清冷的蓝色?爱琴王如今还在海底吗? 他到底身在哪里? 在远处那一片闪着波光的"酒绿色的海心"吗?

等我走下断崖时,忽然发现一间专门为游客服务的商店,它故意盖在侧下方的隐蔽处。在海神庙所在的崖顶的任何地方,都是绝对看不见这家商店的。当然,这是希腊人刻意做的。他们绝对不让我们的视野受到任何现代事物的干扰,为此,历史的空间受到了绝对与纯正的保护!

我由衷地钦佩希腊人!

希腊人告诉我们,保护古代文明遗产,需要的是对历史的深刻理解与崇拜,科学的方法,优雅的美感和高尚的文化品位。因为历史文明是一种很高的意境。

创造古希腊的是历史文明,珍惜古希腊的是现代文明。而懂得怎样珍惜它,才是一种很高层次的文明。

（选自《文汇报》2001 年 5 月 11 日,有改动）

注　释

①犍陀罗:在印度西北部(今巴基斯坦北夏华一带)。犍陀罗曾一度在马其顿的亚历山大王的统治之下,因而流行着希腊人的艺术。

②神谕(yù):神的吩咐、指示。

◎ **学习活动**

一、填一填

1. 冯骥才,1942 年出生于天津,著名作家、艺术家。早年在天津从事绘画工作,后专职从事文学创作和民间文化研究。著有长篇小说《义和拳》(合著)、(《　　　　　》),中篇小说集(《　　　　　　　》)《啊!》《神鞭》,短篇小说集(《　　　　　》)《意大利小提琴》等。有多篇文章入选教材,如散文《珍珠鸟》。

2. 古希腊与(　　　)(　　　)(　　　)并称"四大文明古国"。作者写《古希腊的石头》,旨在托物言志,反思我们的"文物保护"行为,唤醒国人"尊重历史"的文物保护意识。

二、想一想

1. 课文的线索是什么?

2. 解释下列加点词语或句子在文中的含义。

(1)它们各自不同的形态都是历史的表情。

(2)原来时间隧道就在希腊人的石头中间!

3. 作者在第 11 自然段说:"如果你从中发现到一个非同寻常的细节,那就极有可能是神奇的时间隧道的洞口了。"阅读第 6 到第 13 自然段,说说作者发现了哪些非同寻常的细节,感受到了哪些历史?

4. 品读课文,找出文中的事例,说说现在的希腊人是如何保护"古希腊的石头"的。

三、说一说

说说下列句语句在文中有什么作用？

1. 然而,永恒是达不到的。……石头并非坚不可摧。世界上没有任何东西可以把人带到永远。在岁月的翻滚中,古希腊人的石头已经满是裂痕与缺口,有的只剩下一些残块和断片。

2. 于是一种美出现了。……凡是懂得这一层美感的,就绝不会去将古物翻新,甚至做更愚蠢的事——复原。

3. 原来时间隧道就在希腊人的石头中间! ……由此,我找到了逼真地进入希腊历史的秘密。

四、读一读

阅读冯骥才的《文物保护需要冷静态度和长远眼光》一文,结合学习《古希腊石头》的体会和家乡建设与文物保护实际,写一篇600字左右的读后感。

文物保护需要冷静态度和长远眼光
冯骥才

虽说只到过一次承德,但那里给我留下了深刻而良好的印象。无论从哪个角度讲,避暑山庄都是世界一流的文化遗存,它所包容的历史、建筑、人文和艺术等方面的价值,是其他文化遗产所无法取代的。如果说利用避暑山庄肇建三百周年这个契机,需要强化某些观念,那么我认为保护利用好这些文物则是最重要的。

在我仅有的那次承德之行中,当地人特意安排我参观了外八庙当中两处尚未开放的景点,看完之后,我对那里的文物保护状况比较满意。其实,要处理好保护与利用的关系需要冷静的态度和长远的眼光。

应该承认,目前中国人的文明素质还不是很高,经济大潮来了,市场化冲淡了艺术、历史在人们生活中的地位。现在,有的地方拼命地发展旅游业——当然,能创造经济效益的旅游业本身并没有什么不好,但不能在开发旅游项目的同时,自觉或不自觉地破坏文物,比如盖游乐场、修度假村,甚至拆旧建新,搞一大群仿古建筑来冒充文物景点等。历史就是历史,不允许后人做一厢情愿的打扮,一旦文物的原貌遭到破坏,那些饱含历史信息的文化遗产将无法复制、永远消失。多少年后,人们无法亲睹中华文明的活化石,也就享受不到历史所给予的沧桑感与自豪感,从而达到振奋国民精神的目的。

追求经济效益也好,发展旅游业也好,首先应该认清历史文化遗产有多种功用:一是历史文献价值,也就是文物对历史事件的见证意义,这是仅此一家、别无分店的概念;二是审美价值,即文物本身所涵盖的艺术特征;三是旅游价值,可以说是文物所附带的经济意义——显然,钱只是从属地位,而不是首要的目的。

开发利用文化遗产无可厚非,但不能为了追求经济利益就走得过快。我始终主张,利用文物不要着急,不能竭泽而渔,有多少开放多少,某些文物是应该留给后代、留给学术研究的。一切向钱看、一切围着钱转的观念,很容易导致轻慢文化、伤害文物的结局。

承德避暑山庄肇建三百周年的活动将在国内外大大提高自身的影响力和号召力,并获得与之相称的文化地位。作为旅游大市,承德面临文物保护和利用的双重课题,我希望他们在两方面都能做得很优秀。

(选自《河北日报》2003 年 8 月 29 日)

奥林匹克精神　│　[法]顾拜旦

◎ 小试牛刀

请借助网络等工具写出最近十届夏季奥运会举办年份和举办城市及其所在国家。

例如：第 20 届——1972 年——慕尼黑——德国

第 21 届——（　　　　）——（　　　　　）——（　　　　　）

第 22 届——（　　　　）——（　　　　　）——（　　　　　）

第 23 届——（　　　　）——（　　　　　）——（　　　　　）

第 24 届——（　　　　）——（　　　　　）——（　　　　　）

第 25 届——（　　　　）——（　　　　　）——（　　　　　）

第 26 届——（　　　　）——（　　　　　）——（　　　　　）

第 27 届——（　　　　）——（　　　　　）——（　　　　　）

第 28 届——（　　　　）——（　　　　　）——（　　　　　）

第 29 届——（　　　　）——（　　　　　）——（　　　　　）

第 30 届——（　　　　）——（　　　　　）——（　　　　　）

◎ 开心一刻

历经 54 年到达终点的人

1912 年 7 月 14 日的中午，烈日烘烤着瑞典的斯德哥尔摩。第 5 届夏季奥运会的马拉松赛在此拉开了序幕。起跑线上，35 名选手还未起步就已汗流浃背了。由于酷热难当，有一半选手退出了比赛。第一位到达终点的是原籍爱尔兰的南非人麦克阿瑟，成绩为 2 小时 36 分 54 秒 8。紧接着，大多数运动员也一个挨一个地赛完了全程。约摸又过了一个小时，第 34 名运动员挪威的奥·奥尔森终于赛完了全程。这时,赛场上只剩下最后一名选手了,终点线上的裁判员们耐心地等待着他的到来。可是等啊等,不知等了多久,始终不见人影。

正当赛场内外为寻找金栗志藏忙得不亦乐乎时,金栗志藏本人却早已安然无恙地在一位好客的瑞典人家里大喝饮料、美酒。原来金栗志藏在这次马拉松赛跑中开始跑得很不错,可是由于天气太热,他渐渐体力不支,很快落在了最后 10 名左右的人群里。他一面坚持跑着,一面在四处张望,心想:要是有个善人送来什么饮料喝喝该有多好啊!忽然,他看到有家瑞典人在花园里进行野餐,他不假思索地跑了过去,向那人比划着,表示想喝水。当他接过瓶子,把余下的覆盆子果汁一饮而尽时,原先落在他后面的运动员都先后超了上去。这时,他望着一个个远远而去的对手,心里一急,喉头的干火又蹿了上来。他还是感到渴。那家瑞典人已觉察到这位运动员还没喝个够,便打着手势请他去家里喝个够。金栗志藏明白了对方的意思,欣然前往。不仅喝了个痛快,而且还美酒佳肴地饱餐了一顿,然后乐不思蜀地倒头便睡。他醒来时,天已经太晚了,不能再返回到比赛中。后来大会组织者马上与警方取得联系,要求协助找人,同时通知电台播放寻人启事。

金栗志藏到底去了哪儿呢?有人说他一直在跑着,试图找到返回体育场的路;另一位目击者说,人们最后见到他的时候,见他一手抱着一个漂亮的瑞典姑娘……

1962 年瑞典马拉松赛是金栗志藏失踪 50 周年纪念日,一名斯德哥尔摩的记者被派遣到日本,去寻找这位令人困惑的选手,这名记者经过多方打听调查,发现金栗志藏在日本玉名镇一所学校教地理。金栗志藏还不知道他在瑞典已家喻户晓的故事。听了记者的叙述后,他十分感动。后来,76 岁的金栗志藏到瑞典旧地重游,他从 1912 放弃比赛的地方向马拉松比赛的终点——斯德哥尔摩奥林匹克运动会会址跑去,并达到终点。

你知道奥林匹克运动中其他名人轶事吗?与同学们一起分享这些故事吧!

◎ 选文

联邦主席先生、女士们、先生们:

5 年前,来自世界各国的代表聚会在巴黎——1894 年宣布恢复奥林匹克运动会的地方——同我们一起庆祝恢复奥林匹克运动会 20 周年。在过去的这 5 年内,世界崩溃了[①]。虽然奥林匹克精神经历了这 5 年内所发生的一切,但是,她没有恐惧,没有斥责,也没有成为这场劫难的牺牲品。豁然开朗的前景证明一个崭新的重要角色正等待着她。

奥林匹克精神为逐渐变得镇静和自信的青年所崇尚。随着昔日古代文明力量的逐渐衰退,镇静和自信成为古代文明更宝贵的支撑;它们也将成为即将在暴风雨中诞生的未来新生文明必不可少的支柱。现在,镇静和自信却不是我们的天然伙伴。人自幼就开始担惊受怕,恐惧终身伴随着他,并在他走近坟墓时猛烈地将他击倒。面对如此擅长于扰乱他工作和休息的天敌,人学会了反对勇气这一曾为我们的祖先所崇尚的品德。你能想象当代人让勇气之花在他们手中凋谢吗? 我们知道今后该如何去思考这个问题。

但是,勇气仅是造就时势英雄的尚武德行。正如我以前在一篇教学论文中所说的,根除恐惧的真正良药是自信而不是勇气。自信总是与它的姐妹镇静相辅相成。因此,我们再回头来看刚才提到的奥林匹克精神的实质以及把奥林匹克精神同纯粹的竞技精神区别开来的特性,奥林匹克精神包括但又超越了竞技精神。

我想对这一不同之处做出详细阐述。运动员欣赏自己做出的努力。他喜欢施加于自己肌肉和神经上的那种紧张感,而且因为这种紧张感,即使他不能获胜,也会给人以胜利在望的感觉。但这种乐趣保留在运动员内心深处,在某种程度上只是自得其乐。那么设想一下当这种内心的悦乐向外突发与大自然的乐趣和艺术的奔放融合在一起,当这种悦乐为阳光所萦绕,为音乐所振奋,为带圆柱形门廊的体育馆所珍藏时,该是何等情景呢? 这就是很久以前诞生在阿尔弗斯(Alphcus)河岸边的古代奥林匹克精神绚丽的梦想。在过去几千年里正是这一迷人的梦想使古代世界凝聚在一起。

现在,我们正处于历史的转折关头。人类渴望进步,但又常常因某个正确思想被夸大而被引入歧途。青少年往往为陈旧、复杂的教学方法,愚蠢的放纵和鲁莽的严厉相交替的说教以及拙劣肤浅的哲学所束缚而失去平衡。我想这就是为何要敲响重开奥林匹克时代的钟声的原因。人们早就希望能够复兴对强健肌肉的献祭。我们把益格鲁撒克逊人[2](Anglosaxon)的运动功利主义同古希腊留传下来的高尚、强烈的观念结合起来,开辟奥林匹克新时代。在对纽约和伦敦举办奥运会的现实可能性做出评估后,我为这一意外的合成物向不朽的希腊祈求一剂理想主义的良药。先生们,这就是15年的成就于今天凝成的杰作——刚才你们还向她表达了敬意。如果你们的赞美之词是向为之工作的人说的,我将感到羞愧。这个人没有意识到他应受这样的赞扬,因为他仅仅是凭一种比其意识还强大的直觉在行事。但他愉快地接受对奥林匹克理想的赞美之辞,他是这一理想的第一个信徒。

我刚才回忆起1914年6月的庆典。当时,我们似乎是在为恢复奥林匹克的理想变成现实而庆祝。今天,我觉得又一次目睹她含苞怒放,因为从现在起,如果只有少数人关心她的话,我们的事业将一事无成。在那时,有这些人也许就够了,但今天则不然,需要触动怀有共同兴趣的大众。事实是,凭什么该把大众排除在奥林匹克精神之外呢?凭什么样的贵族法令将一个青年男子的形体美和强健的肌肉、坚持锻炼的毅力以及获胜的意志同他祖先的名册或他的钱包联系起来呢?这样的矛盾虽然没有法律依据,但的确要比产生这些矛盾的社会更具生命力。也许该有一个由凶暴的军国主义支持的专制法令给它们予以致命的打击。

面对一个需要根据迄今仍被认为是乌托邦式的,但现在已成熟即可被使用的原则进行整顿的全新世界,人类必须吸收古代留传下来的全部力量来构筑未来。奥林匹克精神是这种力量之一,因为事实是仅有奥林匹克精神不足以确保社会和平,不能更加均衡地为人类分配生产和消费物质必需品的权利,甚至也不能够为青少年提供免费接受智力培训的机会,使他们能够保持自己的天赋,而不是停留在其父母生活的那种境况。但是,奥林匹克精神将依然为人类追求强健的肌肉所需要。强健的肌肉是欢乐、活力、镇静和纯洁的源泉。奥林匹克精神必将以现代产业发展所赋予的各种形式为地位最低下的公民所享受。这就是完整、民主的奥林匹克精神。今天我们正在为她奠定基础。

这次庆祝仪式是在极为祥和欢乐的气氛中举行的。古老的赫尔维希亚(Helvetian)联邦最高委员会及其尊敬的主席、被上帝和人类所爱的沃州(Vaudois)地区的资深代表、这个最慷慨和热情好客的城市的领导人士、享誉世界的歌星以及一支精心挑选的朝气蓬勃的体育队伍聚集在这里,为这次盛会树立了历史性、公民精神、自然性、青春和艺术性五重声誉。

愿喜爱勇敢者的幸运之神厚待比利时人民。不久前,比利时在申办明年的第七届奥运会这一殊荣时做出了高贵的姿态。

目前的时势依然很严峻。即将破晓的黎明是暴风雨过后的那种黎明。但待到日近中天时,阳光会普照大地。黄褐色的玉米又将沉甸甸地压在收获者的双臂。

(选自《中外名人演讲精粹·欧洲卷》,中国书籍出版社1999年版)

注　释

①在过去的这5年内,世界崩溃了:指1914—1918年的第一次世界大战。

②盎格鲁撒克逊人:古代日耳曼人中的盎格鲁、撒克逊、朱特等部落集团,近代

常用来泛指英吉利人、苏格兰人以及他们在北美、澳大利亚、南非等地的移民。

◎ 学习活动

一、填一填

1. 顾拜旦(1863—1937),法国教育家、近代奥林匹克运动的创始人。1896 年至 1925 年,任国际奥林匹克委员会主席,并设计了奥运会会徽、会旗。由于他对奥林匹克运动做出了不朽的功绩,被国际上誉为(　　　　　)。1919 年 4 月,他在瑞士洛桑庆祝奥林匹克运动恢复(　　　　　)周年纪念会上发表演说——《奥林匹克精神》。

2. 从结构上分析,文章可分为四部分。第一部分主要阐述了奥林匹克精神同(　　　　　)的区别;第二部分介绍以新的理念开创奥林匹克的新时代;第三部分具体阐述奥林匹克精神的(　　　　　),顾拜旦认为,奥林匹克精神使人养成镇静和自信的品德,包括并超越了(　　　　　)精神,对人类来说是一种新的教育方式,是属于大众的;第四部分作者畅想美好前景,确信奥林匹克精神必将如阳光般普照大地。

二、想一想

1. 现代奥林匹克的格言是什么?

2. 现代奥林匹克精神的内涵是什么?

3. "在过去的五年内,世界崩溃了。虽然奥林匹克精神经历了这五年内所发生的一切,但是,她没有恐惧,没有斥责,也没有成为这场劫难的牺牲品",这句话中的"劫难"是指什么?请结合历史知识,谈谈你的感想。

三、说一说

说说你喜欢的奥运会项目,并向同学们介绍你所了解的从事该运动项目的国内外著名运动员的故事。

四、练一练

熟记演讲稿是演讲的关键一环,请背诵这篇演讲稿中的 2—3 个片段,并用手机录音录像上传班级 QQ 空间,选出 5 位同学在班内模拟演讲,体会顾拜旦的奥运情怀。

五、赏一赏

1. 观看纪录片《顾拜旦的昨天今天》，了解顾拜旦与现代奥林匹克运动会的故事。

2. 欣赏由陈其钢创作的 2008 年北京奥运会开幕式主题歌《我和你》，体会其中蕴含的奥林匹克精神。

Chapter FIVE

第五单元 学习创新

　　对于学生而言，学习内容包括知识但绝不限于知识，因为生活是知识之源，重于知识，更值得用心去领悟，正所谓"问渠那得清如许，为有源头活水来"；学习方法需要读书但绝不应该盲从书本，而是要独立思考，勇于质疑，敢于批判，因为"尽信书，不如无书"；学习环境依赖校园但绝不能囿于校园，而是要身在校园，心系天下，因为"心有多大，舞台就有多大"。

　　学习和创新彼此联系，密不可分，学习是创新之基础，创新是学习之升华。如果仅会学习，你顶多是个好学生，如果不仅善于学习而且勇于创新，你就可能成为大师。

　　创新的本质是"创"，既不坐等其成，也不坐享其成，而是充分发挥人的聪明才智和主观能动性，创造性地思维，创造性地实践。把思维不断伸向未知、未来，把实践不断向深度和广度拓展。

　　同学们，学习很重要，创新更重要；学习不易，创新殊难；学习无止境，创新亦无止境。

劝 学 | 《荀子》

◎ 小试牛刀

领悟、理解以下劝学名言,并另外再写出五条劝学名言。

1. 黑发不知勤学早,白首方恨读书迟。

2. 少壮不努力,老大徒伤悲。

3. 书到用时方恨少,事非经过不知难。

4. 少年易学老难成,一寸光阴一寸金。

5. 学如逆水行舟,不进则退。

◎ 开心一刻

绝妙的比喻

河南作家于天命 1995 年在鲁山某中学讲学时,讲到传统文化,有一绝妙比喻:你乘车遇到小偷行窃,教育他,是儒家;揍他或揪他去派出所,则为法家;佯装不知道,是道家;忍让宽容,则为墨家;不为所动,是佛家。

你了解儒家、法家、道家、墨家、佛家的基本主张吗?你认为作家于天命的比喻有道理吗?

◎ 选 文

君子①曰:学不可以已②。

青,取之于蓝③,而青于蓝④;冰,水为之,而寒于水。木直中绳⑤,𫐓⑥以为轮,其曲中规⑦。虽有槁暴⑧,不复挺⑨者,𫐓使之然也。故木受绳⑩则直,金⑪就砺⑫则利,君子博学而日参省乎己⑬,则知明⑭而行无过矣。

吾尝终日而思^⑮矣,不如须臾之所学^⑯也;吾尝跂^⑰而望矣,不如登高之博见^⑱也。登高而招^⑲,臂非加长也,而见者远^⑳;顺风而呼,声非加疾^㉑也,而闻者彰^㉒。假舆马者^㉓,非利足也^㉔,而致^㉕千里;假舟楫^㉖者,非能水^㉗也,而绝^㉘江河。君子生^㉙非异也,善假于物也^㉚。

积土成山,风雨兴焉^㉛;积水成渊,蛟龙生焉;积善成德,而神明自得,圣心备焉^㉜。故不积跬^㉝步,无以至千里;不积小流,无以成江海。骐骥^㉞一跃,不能十步;驽马十驾^㉟,功在不舍。锲^㊱而舍之,朽木不折;锲而不舍,金石可镂^㊲。蚓无爪牙之利,筋骨之强,上食埃土,下饮黄泉,用心一也^㊳。蟹六跪^㊴而二螯^㊵,非蛇鳝^㊶之穴无可寄托者,用心躁^㊷也。

(选自《荀子》,上海古籍出版社 1989 年版)

注　释

①君子:指有学问有修养的人。

②学不可以已(yǐ):学习不能停止。

③青,取之于蓝:靛(diàn)青,从蓝草中取得。青,靛青,一种染料。蓝,蓼(liǎo)蓝,一年生草本植物,叶子含蓝汁,可以做蓝色染料。于,从。

④青于蓝:比蓼蓝(更)深。于,比。

⑤中(zhòng)绳:(木材)合乎拉直的墨线。木工用拉直的墨线来取直。

⑥𫐓(róu):通"煣",用火烤使木条弯曲(一种手工艺)。

⑦规:圆规,测圆的工具。

⑧虽有(yòu)槁暴(pù):即使又晒干了。有,通"又"。槁,枯。暴,同"曝",晒干。槁暴,枯干。

⑨挺:直。

⑩受绳:用墨线量过。

⑪金:指金属制的刀剑等。

⑫就砺:拿到磨刀石上去磨。砺,磨刀石。就,动词,接近,靠近。

⑬参(cān)省(xǐng)乎己:每天对照反省自己。省,省察。乎,介词,于。

⑭知(zhì):通"智",智慧。明:明达。

⑮而:表修饰关系的连词。

⑯须臾之所学:在极短的时间内所学到的东西。须臾(yú),片刻,一会儿。

⑰跂(qì):抬起脚后跟站着。

⑱博见:看见的范围广,见得广。

⑲招:招手。

⑳而见者远:意思是远处的人也能看见。而,表转折。

㉑疾:快,速。这里引申为"洪亮"。

㉒彰:明显,清楚。这里指听得更清楚。

㉓假:凭借,利用。舆:车厢,这里指车。

㉔利足:脚走得快。

㉕致:达到。

㉖楫:桨。

㉗能水:指会游泳。

㉘绝:横渡。

㉙生(xìng)非异:本性(同一般人)没有差别。生,通"性",天赋,资质。

㉚善假于物也:善于借助外物。于,向。物,外物,指各种客观条件。

㉛焉:于之,在那里。

㉜积善成德,而神明自得,圣心备焉:积累善行而养成品德,达到很高的境界,通明的思想(也就)具备了。得,获得。而,连词,表因果关系。

㉝跬(kuǐ):古代的半步。古代称跨出一脚为"跬",跨两脚为"步"。

㉞骐骥(jì):骏马,千里马。

㉟驽马十驾:劣马拉车连走十天(也能走很远)。驽马,劣马。驾,马拉车一天所走的路程叫"一驾"。

㊱锲(qiè):用刀雕刻。

㊲镂(lòu):雕刻。

㊳用心一也:(这是)因为用心专一。

㊴六跪:六条腿。蟹实际上是八条腿。跪,蟹脚。一说,海蟹后面的两条腿只能划水,不能用来走路或自卫,所以不能算在"跪"里面。

㊵螯(áo):螃蟹的大钳子。

㊶蛇鳝(shàn):蛇和鳝鱼。

㊷躁:浮躁,不专心。

◎ 学习活动

一、填一填

荀子(约前313—前238),名况,战国末期(　　　)国人,思想家。他的著作(《　　　　》)一书,现存32篇,大部分是他所写,小部分出自其弟子之手。该书是战国末期(　　)家学派最重要的著作之一。

二、想一想

1. 结合注释,疏通《劝学》的文义,用课文中的原句填写下表。

中心论点:学不可以已	
分论点	有关比喻论证的句子
学习的意义:改变自己,提高自己	青,取之于蓝,而青于蓝
学习的作用:弥补不足	吾尝跂而望矣,不如登高之博见也
学习的方法和态度:积累、坚持、专心	积土成山,风雨兴焉

2.《劝学》告诉了我们哪些道理?"学不可以已"的观点与现代倡导的"终身学习"的观点是否一致? 为什么?

3. 课文的第3段论述学习的方法和态度,可以分为几层? 每层用了哪些比喻? 这些比喻之间的关系是怎样的? 结合课文说说运用比喻论证的好处。

三、辨一辨

1. 通假字就是两个字通用,或者这个字借用为那个字的意思。从课文中找出几个通假字,写出本字,并解释意义。

2. 辨析下列词语在不同句子中的意思。

(1)绝

忽然抚尺一下,群响毕绝。

自云先世避秦时乱,率妻子邑人来此绝境。

假舟楫者,非能水也,而绝江河。

（2）强

挽弓当挽强,用箭当用长。

蚓无爪牙之利,筋骨之强。

策勋十二转,赏赐百千强。

（3）假

以是人多以书假余。

君子生非异也,善假于物也。

乃悟前狼假寐,盖以诱敌。

四、说一说

1. 根据《劝学》的论述,另选几个事例分别阐述积累、持之以恒、专心致志的重要性。

2. 邻居家的孩子今年 10 岁,聪明可爱,但就是不喜欢学习,他的家长请你帮忙。请参照《劝学》的论证思路,写一个谈话提纲,在小组内结对模拟劝说这个不爱学习的小学生。

五、写一写

1. 用现代汉语翻译下列句子。

①青,取之于蓝,而青于蓝。

②君子博学而日参省乎己,则知明而行无过矣。

③蚓无爪牙之利,筋骨之强,上食埃土,下饮黄泉,用心一也。

2. 以"学不可以已"为首句,写一段论述性的文字。

六、背一背

背诵《劝学》。

劝学诗二首 | 朱 熹 赵 恒

◎ 小试牛刀

请写出下列苦学成才故事中的主人公：

1. (　　)锥刺股苦读　　2. (　　)"头悬梁"

3. (　　)破庙读书　　4. (　　)凿壁偷光

5. (　　)画虎入虎山　　6. (　　)偷读定林寺

7. (　　)警枕砺勤　　8. (　　)铁杵磨成针

9. (　　)燎发读书　　10. (　　)雪地夜读

11. (　　)牛背练字　　12. (　　)就读书市

13. (　　)囊萤夜读　　14. (　　)月下读书

15. (　　)苦"推敲"　　16. (　　)牛角挂书

17. (　　)隔篱就读　　18. (　　)与"读书洞"

19. (　　)题诗改学　　20. (　　)闻鸡起舞

◎ 开心一刻

濠梁之辩

庄子和惠子一道在濠水的桥上游玩。庄子说："白鲦鱼游得多么悠闲自在、从从容容，这就是鱼儿的快乐。"惠子说："你不是鱼，哪里知道鱼的快乐？"庄子说："你不是我，怎么知道我不知道鱼儿的快乐呢？"惠子说："我不是你，固然不知道你；你也不是鱼，你不知道鱼的快乐，也是完全可以肯定的。"庄子说："还是让我们顺着先前的话来说。你刚才所说的'你哪里知道鱼的快乐'的话，就是已经知道了我知道鱼儿的快乐而问我，而我则是在濠水的桥上知道鱼儿快乐的。"

你认为庄子和惠子的辩论谁说的有道理？

◎ 选 文

偶 成
朱 熹

少年易学老难成，
一寸光阴不可轻。
未觉池塘春草梦，
阶前梧叶已秋声。

励学篇
赵 恒

富家不用买良田，书中自有千钟粟。
安居不用架高堂，书中自有黄金屋。
出门莫恨无人随，书中车马多如簇。
娶妻莫恨无良媒，书中自有颜如玉。
男儿若遂平生志，六经勤向窗前读。

（选自古诗文网）

◎ 学习活动

一、填一填

1. 朱熹（1130—1200），字元晦，南宋著名（　　　　）家、思想家、教育家、诗人，（　　　　）集大成者，后世尊称为（　　　　）。为官清正，仕途坎坷，平生致力于著书立说、创办书院、讲学传道，著述宏富，其代表性著作（《　　　　　　》）对后世影响深远，成为明清两代钦定的教科书和科举考试的标准。

2. 赵恒（968—1022），原名德昌，后更名元休、元侃。北宋第三代皇帝（　　　　），是宋太宗第三子，公元 997—1022 年在位。

二、想一想

1. 联系诗句,解释下列字词。

(1)轻:

(2)觉:

(3)秋声:

2.《偶成》这首诗表达了作者怎样的思想感情?

3. 你对"书中自有千钟粟""书中自有黄金屋""书中自有颜如玉"是如何认识的?

三、读一读

1. 课外阅读朱熹《观书有感》《春日》,与《偶成》做主题方面的比较。

2. 历史上有很多经典的劝学诗,利用课余时间搜集一些。

四、议一议

阅读下面的文字,谈谈你对"功利教育"的认识。

"神童诗"与功利教育
韩志宽

宋真宗赵恒,曾作《励学篇》一诗:"富家不用买良田,书中自有千钟粟。安居不用架高楼,书中自有黄金屋。娶妻莫恨无良媒,书中自有颜如玉。出门莫恨无人随,书中车马多如簇。男儿欲遂平生志,五经勤向窗前读。"把读书后考取功名作为人生第一出路,其中"书中自有黄金屋"和"书中自有颜如玉"两句,是这种露骨功利教育的代表,令天下士子趋之若鹜,成了国人读书的动力,实有贪官文化之嫌。

上行下效,接着文人汪洙紧步圣意,搜集整理出《神童诗》一卷,将读书功利化进一步揭示,"天子重英豪,文章教尔曹;万般皆下品,惟有读书高","少小须勤学,文章可立身;满朝朱紫贵,尽是读书人","学乃身之室,儒为席上珍;君看为宰相,必用读书人","年纪虽然小,文章日渐多;待看十五六,一举便登科"……当然,神童诗还有其他题材的作品,但主要是宣扬读书做官,一旦考取功名,就会名利双收,拥有金钱美女。

儒家提倡"学而优则仕"。汉以后,儒家思想成为正统思想。隋、唐科举制度的实行,使"学而优则仕"的含义发生了根本性转变。"学"不再是学做人,为立身,而是为"仕"，为功名利禄。韩愈说："其学其问，以之取名致官而已。"顾炎武说："凡今之所以为学者，为利而已，科举是也。"只要学得好，就可以做官，荣华富贵，光宗耀祖。乾隆深有感触地叹息："科名声利之习，深入人心，积习难返，士之所为汲汲皇皇者，惟是之求，而未尝有志于圣贤之道。"在功名利禄的巨大诱惑下，知识阶层除了求官之外，什么都不关心。这些满脑子"升官发财"思想的人一旦当了官，便如同饥饿者扑到面包上，不疯狂敛财才怪。"三年清知府，十万雪花银"是其最基本的写照。更有甚者，富可敌国。明宦官刘瑾，贪腐的白银比张居正十年改革充实起来的太仓还多十倍。所以，尽管朱元璋大开杀戒，贪官们仍如过江之鲫，直掏得大明王朝空虚如洗。李自成打开崇祯的国库，发现只有区区二十万两银子，不禁哀叹其怎能不亡。但刘瑾比起后辈和珅来，又是小巫见大巫了。千百年来，升官发财已成为相当一部分读书人的追求，积重难返。今天反腐形势其所以严峻，贪官丁仰宁一语道破天机："当官不发财，请我都不来。"

有学者痛陈如今的某些大学道德高地失守，被铜臭腐蚀，培养出来的人智商高，世俗，老到，善于表演，懂得配合，更善于利用体制达到自己的目的。这种人"一旦掌握权力，比一般贪官污吏危害更大"，大学已经成了"精致的利己主义者的温床"。

诚然知识能改变命运，但如果将其庸俗化为追名逐利，就误入了歧途。反思眼下的反贪，总有些木已成舟的马后炮之感。要从源头上防微杜渐，有必要从学校抓起，从娃娃抓起。对一些学校提倡学生阅读的《千字文》《神童诗》等来一番梳理，像湖北、山东一些教育部门，已经采取措施，删除了"书中自有黄金屋"和"书中自有颜如玉"等句。此举，港台一些学者认为影响了原著的完整性。但笔者以为，时代变了，教育也要变，否则就是拿糟粕当香饽饽，饮鸩止渴，帮倒忙了。

（选自《西安晚报》2012 年 8 月 28 日）

拿来主义 | 鲁 迅

◎ 小试牛刀

请在括号里填入人体器官或部位名称,构成成语。

（　　）有成竹　　　　袖（　　）旁观　　　　孤（　　）难鸣

屈（　　）可数　　　　震（　　）欲聋　　　　垂（　　）丧气

侧（　　）倾听　　　　赞不绝（　　）　　　　（　　）疾（　　）快

（　　）满（　　）肥　　（　　）蜜（　　）剑　　（　　）濡（　　）染

（　　）枪（　　）剑　　（　　）瞪（　　）呆　　以（　　）还（　　）

得（　　）应（　　）　　促（　　）谈（　　）　　牵（　　）挂（　　）

◎ 开心一刻

鲁迅与"且介亭"

20世纪30年代,鲁迅先生曾经有一段时间居住在上海闸北帝国主义列强越界筑路区域,这个地区有"半租界"之称。鲁迅先生有很强烈的民族自尊心,对帝国主义列强十分憎恨,因此将"租界"二字各取一半,成"且介",以表愤慨之情。鲁迅这个阶段写的杂文结集为《且介亭杂文》,"且介亭"标明这些杂文是在上海半租界的亭子间里写的,形象地讽刺了国民党统治下半封建半殖民地的黑暗现实。

鲁迅的故事你还知道哪些?

◎ 选文

中国一向是所谓"闭关主义"[①],自己不去,别人也不许来。自从给枪炮打破了大门之后,又碰了一串钉子[②],到现在,成了什么都是"送去主义"了。别的且不说罢,单是学艺③上的东西,近来就先送一批古董到巴黎去展览④,但终"不知后事如何";还有几位"大师"捧着几张古画和新画,在欧洲各国一路的挂过去,叫作"发扬国光"⑤。听说不远还要送梅兰芳博士到苏联去,以催进"象征主义"⑥,此后是顺便到欧洲传道。我在这里不想讨论梅博士演艺和象征主义的关系,总之,活人替代了古董,我敢说,也可以算得显出一点进步了。

但我们没有人根据了"礼尚往来"⑦的仪节,说道:拿来!

当然,能够只是送出去,也不算坏事情,一者见得丰富,二者见得大度。尼采⑧就自诩过他是太阳,光热无穷,只是给与,不想取得。然而尼采究竟不是太阳,他发了疯。中国也不是;虽然有人说,掘起地下的煤来,就足够全世界几百年之用。但是,几百年之后呢?几百年之后,我们当然是化为魂灵,或上天堂,或落了地狱,但我们的子孙是在的,所以还应该给他们留下一点礼品。要不然,则当佳节大典之际,他们拿不出东西来,只好磕头贺喜,讨一点残羹冷炙⑨做奖赏。

这种奖赏,不要误解为"抛来"的东西,这是"抛给"的,说得冠冕⑩些,可以称之为"送来",我在这里不想举出实例。

我在这里也并不想对于"送去"再说什么,否则太不"摩登"⑪了。我只想鼓吹我们再吝啬一点,"送去"之外,还得"拿来",是为"拿来主义"。

但我们被"送来"的东西吓怕了。先有英国的鸦片,德国的废枪炮,后有法国的香粉,美国的电影,日本的印着"完全国货"的各种小东西。于是连清醒的青年们,也对于洋货发生了恐怖。其实,这正是因为那是"送来"的,而不是"拿来"的缘故。

所以我们要运用脑髓,放出眼光,自己来拿!

譬如罢,我们之中的一个穷青年,因为祖上的阴功⑫(姑且让我这么说说罢),得了一所大宅子,且不问他是骗来的,抢来的,或合法继承的,或是做了女婿换来的⑬。那么,怎么办呢?我想,首先是不管三七二十一,"拿来"!但是,如果反对这宅子的旧主人,怕给他的东西染污了,徘徊不敢走进门,是孱头⑭;勃然大怒,放一把火烧光,算是保存自己的清白,则是昏蛋。不过因为原是羡慕这宅子的旧主人的,而这回接受一切,欣欣然的蹩进卧室,大吸剩下的鸦片,那当然更是废物。"拿来主义"者是全不这样的。

他占有,挑选。看见鱼翅⑮,并不就抛在路上以显其"平民化",只要有养料,也和朋友们像萝卜白菜一样的吃掉,只不用它来宴大宾;看见鸦片⑯,也不当众摔在茅厕里,以见其彻底革命,只送到药房里去,以供治病之用,却不弄"出售存膏,售完即止"的玄虚。只有烟枪⑰和烟灯,虽然形式和印度,波斯,阿拉伯的烟具都不同,确可以算是一种国粹⑱，倘使背着周游世界，一定会有人看，但我想，除了送一点进博物馆之外，其余的是大可以毁掉的了。还有一群姨太太，也大以请她们各自走散为是，要不然，"拿来主义"怕未免有些危机。

总之，我们要拿来。我们要或使用，或存放，或毁灭。那么，主人是新主人，宅子也就会成为新宅子。然而首先要这人沉着，勇猛，有辨别，不自私。没有拿来的，人不能自成为新人，没有拿来的，文艺不能自成为新文艺。

六月四日⑲。

（选自《且介亭杂文》，见《鲁迅全集》第 6 卷，人民文学出版社 1982 年版）

注 释

①闭关主义：指清政府奉行的闭关自守政策。

②钉子：指鸦片战争后，清政府与英、法、俄、日、美、德、意等国家相继签订一系列丧权辱国的不平等条约。

③学艺：泛指文学艺术。

④到巴黎去展览：指当时国民政府在巴黎举办的中国古典艺术展览。

⑤还有……发扬国光：指当时国民政府在西欧各国举办的中国绘画展览。

⑥象征主义：1934 年 5 月 28 日《大晚报》报道："苏俄艺术界向分写实与象征两派，现写实主义已渐没落，而象征主义则经朝野一致提倡，引成欣欣向荣之概。自彼邦艺术家见中国之书画作品深合象征派后，即忆及中国戏剧亦必采取象征主义。因拟……邀中国戏曲名家梅兰芳等前往奏艺。"鲁迅曾在《谁在没落？》一文中批评《大晚报》的这种歪曲报道。

⑦礼尚往来：社会交往中应当有来有往。

⑧尼采（1844—1900）：德国哲学家，唯意志论和"超人"哲学的鼓吹者。

⑨残羹冷炙：1933 年 6 月 4 日，国民党政府和美国在华盛顿签订五千万美元的"棉麦借款"，购买美国的小麦、面粉和棉花。这里指的可能是这一类事。

⑩冠冕：指体面。

⑪摩登：英语 modern 的音译，时髦。

⑫阴功：同"阴德"，指在人世间所做的而在阴间可以记功的好事。

⑬做了女婿换来的：这里是讽刺做了富家女婿而炫耀于人的某些文人。

⑭孱（càn）头：指懦弱无能、害怕借鉴、拒绝继承的逃避主义者。

⑮鱼翅：指文化中的精华部分。

⑯鸦片：指文化中既有益又有害的一类事物。

⑰烟枪：指文化中有害的糟粕部分。后文的"烟灯""姨太太"意同。

⑱国粹：指一个国家固有文化中的精华。

⑲六月四日：指 1934 年 6 月 4 日。

◎ 学习活动

一、填一填

鲁迅,原名周树人,浙江绍兴人,我国现代伟大的（　　　　）家、思想家、革命家。他一生创作了大量的作品,对我国现代文学的发展产生了巨大的影响。

鲁迅的作品主要有短篇小说集（《　　　　　　》）（《　　　　　　》）和历史小说集《故事新编》,散文集《朝花夕拾》,散文诗集《野草》,以及《坟》《而已集》《二心集》《华盖集》《南腔北调集》《且介亭杂文》等 16 部杂文集。

二、想一想

1. 鲁迅先生在提出"拿来主义"主张之前,先批判了哪些主义？重点在揭露和批判什么主义？

2. 本文论述的是拿来主义,却用了五分之二的篇幅批判送去主义,这种破字当头的结构有什么好处？

3. 本文的一个显著特点是善于运用比喻论证进行说理议论,把深刻抽象的道理讲得深入浅出,形象生动。阅读课文第 8、9 段,完成下面的表格,然后回答后面的问题。

总喻	分类设喻	对待遗产的方式	作者评价
得了一所大宅子	孱头		
	昏蛋		
	废物		
	"拿来主义"者		

联系鲁迅《拿来主义》写作的时代背景,指出孱头、昏蛋、废物、"拿来主义"者各自反映了什么样的立场。文章是怎样运用总体设喻和分类设喻的方式,把深刻而抽象的道理说得生动形象、易于理解的？

三、说一说

面对当时思想界对待文化遗产"全盘接受""全盘西化"等错误观念,作者理性思考,辩证分析,用形象化的论证,阐明了"拿来主义"的主张。什么是"拿来主义"?为什么要实行"拿来主义"呢?

四、写一写

1. 改革开放以来,中国人对于借鉴和学习外国的先进事物更为自觉,更为成熟。观察我们身边的事物与现象,找一找哪些是我们运用"拿来主义"原则所取得的成果。

2. 运用"拿来主义"观点,写一篇分析我们应如何借鉴学习外国文化的短文,题目自拟。

五、背一背

背诵课文最后一段。

读书人是幸福人 ｜ 谢 冕

◎ 小试牛刀

领悟、理解以下关于读书的名人名言,并请另外再写出五条。

1. 知之者不如好之者,好之者不如乐之者。(孔子)

2. 书犹药也,善读之可以医愚。(刘向)

3. 黑发不知勤学早,白发方悔读书迟。(颜真卿)

4. 饭可以一日不吃,觉可以一日不睡,书不可以一日不读。(毛泽东)

5. 读不在三更五鼓,功只怕一曝十寒。(郭沫若)

◎ 开心一刻

王亚南睡三脚床

我国著名的马克思主义经济学家、《资本论》最早的中文翻译者王亚南,小时候胸有大志,酷爱读书。他在读中学时,为了争取更多的时间读书,特意把自己睡的木板床的一条腿锯短半尺,成为三脚床。每天读到深夜,疲劳时上床去睡一觉后迷糊中一翻身,床向短脚方向倾斜过去,他一下子被惊醒过来,便立刻下床,伏案夜读。天天如此,从未间断。结果他年年都取得优异的成绩,被誉为班内的三杰之一。由于少年时勤奋刻苦爱读书,后来,他终于成为我国杰出的经济学家。

说出一两个你所知道的名人爱读书的故事,谈谈自己从中受到的影响。

◎ 选 文

我常想读书人是世间幸福人,因为他除了拥有现实的世界之外,还拥有另一个更为浩瀚也更为丰富的世界。现实的世界是人人都有的,而后一个世界却为读书人所独有。由此我又想,那些失去或不能阅读的人是多么的不幸,他们的丧失是不可补偿的。世间有诸多的不平等,如财富的不平等,权力的不平等,而阅读能力的拥有或丧失却体现为精神的不平等。

一个人的一生,只能经历自己拥有的那一份欣悦,那一份苦难,也许再加上他亲自闻知的那一些关于自身以外的经历和经验。然而,人们通过阅读,却能进入不同时空的诸多他人的世界。这样,具有阅读能力的人,无形间获得了超越有限生命的无限可能性。阅读不仅使他多识了草木虫鱼之名,而且可以上溯远古下及未来,饱览存在的与非存在的奇风异俗。

更为重要的是,读书加惠于人们的不仅是知识的增广,而且还在于精神的感化与陶冶。人们从读书学做人,从那些往哲先贤以及当代才俊的著述中学得他们的人格。人们从《论语》中学得智慧的思考,从《史记》中学得严肃的历史精神,从《正气歌》学得奋斗的执着,从马克思学得人世的激情,从鲁迅学得批判精神,从列夫·托尔斯泰学得道德的执着。歌德的诗句刻写着睿智的人生,拜伦的诗句呼唤着奋斗的热情。一个读书人,是一个有机会拥有超乎个人生命体验的幸运人。

一个人一旦与书本结缘,极大的可能是注定与崇高追求和高尚情趣相联系的人。说"极大的可能",指的是不排除读书人中也有卑鄙和奸诈,况且,并非凡书皆好,在流传的书籍中,并非全是劝善之作,也有无价值的甚而起负面效果的。但我们所指读书,总是以其优好品质得以流传一类,这类书对人的影响总是良性的。我之所以常感读书幸福,是从喜爱文学书的亲身感受而发。一旦与此种嗜好结缘,人多半因而向往于崇高一类,对暴力的厌恶和对弱者的同情,使人心灵纯净而富正义感,人往往变得情趣高雅而趋避凡俗。或博爱、或温情、或抗争,大抵总引导人从幼年到成人,一步一步向着人间的美好境界前行。笛卡尔说:"读一本好书,就是和许多高尚的人谈话。"这就是读书使人向善;雨果说:"各种蠢事,在每天阅读好书的影响下,仿佛烤在火上一样渐渐溶化。"这就是读书使人避恶。

所以,我说,读书人是幸福人。

(选自《永远的校园》,北京大学出版社1997年版)

◎ 学习活动

一、填一填

谢冕,1932年出生,福建福州人,文艺评论家、诗人、作家,北京大学教授,博士研究生导师,曾任北京大学中国语言文学研究所所长,筹办并主持了全国唯一的诗歌理论刊物(《   》),担任该刊主编至今。主要著作有《永远的校园》等。

二、想一想

1. 读书人为什么是幸福人? 请从课文中找出有关的句子。

2. 文章的中心论点是什么?

3. 文章采用举例、比喻论证的方法,论点鲜明、形象、生动。从文章中找出有关的论证句子,体会这种论证的好处。

4. 文章第一段的结尾说"而阅读能力的拥有或丧失却体现为精神的不平等"。结合上下文,谈谈"精神的不平等"是指哪些内容。

三、说一说

1. 本文在论证中采用了"总—分—总"的结构方式,开门见山,层层推进,卒章显志。试谈谈这种写法的好处。

2. 文章第三段作者为了阐明"人们从读书学做人,从那些往哲先贤以及当代才俊的著述中学得他们的人格"这一观点,举了大量的例子,请你结合自己的读书经历,再举出两个这样的例子。

3. 结合自己的读书经历,联系文中"并非凡书皆好"的观点,谈谈怎样对待"读书"这一问题。

四、读一读

课下查找阅读台湾著名作家刘墉写给女儿的一封信《做个快乐的读书人》。

五、写一写

请以"做一个幸福快乐的读书人"为话题,写一篇议论文,题目自拟。写作中尝试采用本文的结构方式与论证方法。

读书如采金 | [英]约翰·罗斯金

◎ 小试牛刀

西方文化常识填空：

1. 维纳斯是希腊神话中的(　　)。

    A. 智慧女神　　　　　B. 爱神和美神　　　　C. 自由女神

2. 雅典娜是希腊神话中的(　　)。

    A. 智慧女神　　　　　B. 爱神和美神　　　　C. 自由女神

3. 阿波罗是希腊神话中的(　　)。

    A. 海神　　　　　　　B. 日神　　　　　　　C. 冥神

4. 波塞冬是希腊神话中的(　　)。

    A. 海神　　　　　　　B. 日神　　　　　　　C. 冥神

5. 哈迪斯是希腊神话中的(　　)。

    A. 海神　　　　　　　B. 日神　　　　　　　C. 冥神

6. 西方寓言故事中，猫头鹰常以最聪明的角色出现，是因为猫头鹰(　　)。

    A. 头脑聪明　　　　　B. 活得长久　　　　　C. 经常保持思考的表情

◎ 开心一刻

苏格拉底轶事

一群学生在到处寻找快乐，却遇到许多烦恼、忧愁和痛苦。

他们向大哲学家苏格拉底请教："老师，快乐到底在哪里？"

苏格拉底说："你们还是先帮我造一条船吧！"

这群学生暂时把寻找快乐的事儿放在一边，找来造船的工具，用了七七四十九天，锯倒了一棵又高又大的树，挖空树心，造出一条独木船。独木船下水了，他们把苏格拉底请上船,一边合力划桨,一边齐声唱起歌来。苏格拉底问:"孩子们,你们快乐吗?"他们齐声回答:"快乐极了!"

苏格拉底说:"快乐就是这样,它往往在你为着一个明确的目的忙得无暇顾及其他的时候突然来访。"

苏格拉底是古希腊著名的大哲学家,你还能讲出关于苏格拉底的轶事吗?

◎ **选 文** ☆

须知,获得知识就如同获得金子这种珍贵的物质一样,也是需要聪明才智的。

有这样一种看法,无论是你还是我,都是无从解释的。即大地为什么不产生一种巨大的力量,把所有蕴藏在地底下的黄金都统统集中到一个山上呢?这样一来,王公贵族,平民布衣,不都可以知道黄金的所在,并能无所顾忌地开采了吗?或者凭借一种热望,或者倚仗一次良机,或者花费无数时光,谁都可以吹尽狂沙始到金,还可用所得的黄金滥造金币。但大自然偏偏要独行独素,她总是把这种珍贵的金属小心翼翼地分藏在地底下的细缝罅隙之中,使谁都无法知道。你可凭一时的热情猛挖一阵,但将两手空空。而只有当你历尽艰辛开采不息的时候,兴许有可能挖到芝麻大的一点。

这与获取知识的情形多么相似。当你捧着一本好书的时候,你应扪心自问:"我该不该像澳大利亚矿工那样工作呢?我们尖镐利铲都带好了吗?我们的准备工作都无懈可击吗……"请你永远保持这种英勇无畏的矿工精神吧,尽管这意味着艰难困苦,但功夫不负苦心人。你梦寐以求的黄金就是作者在书中表达的那种深刻的思想和他那渊博的知识。他书中的词语就是含金的矿石,你只有将它们打碎并加以熔炼,才有可能化石为金。你的尖镐利铲则代表着严谨、勤奋和钻研。而你的熔炉就是你那善于思索的大脑。如果以为没有这些工具,没有这些热情,就可以叩开出类拔萃的作者那扇智慧大门的话,那纯粹只是一种痴心妄想罢了。而只有当你坚持不懈地进行艰苦卓绝的开采和经久不息的冶炼时,你才有可能获得一颗光彩夺目的金珠。

[选自《中国校外教育(读书)》2007 年第 1 期]

◎ 学习活动

一、填一填

1. 本文通篇运用(　　)说理,生动而又令人信服地阐述了(　　　　　)这样一个主旨。

2. 开篇直接切入了正题,第二段(　　　　　　　　　),第三段说明(　　　　　　　　　)有多么惊人的相似之处,三个段落上下承接,脉络清晰。

3. 第二段提出的一个不可能实现的良好而又普遍的愿望是(　　　　　)。

4. 大自然总是把"这种珍贵的金属小心翼翼地分藏在地底下的细缝狭隙之中","只有当你历尽艰辛开采不息的时候,兴许有可能挖到芝麻大的那样一点",更显得(　　　　　　　　)。

5. 在第三段中,作者分别就学习的热情、劲头,知识的汲取、提炼,求知的功夫、毅力等方面给人以启示,继而从反面举例,阐述在求知的道路上任何(　　　　　)心理和(　　　　)的企图都是行不通的。

6. "我的尖镐利铲都随身带好了吗?"句中的"尖镐利铲"指的是(　　　　　)。

二、读一读

课下查找阅读乔布斯的演讲《求知若饥,虚心若愚》,结合约翰·罗斯金《读书如采金》,以"求知"为话题,谈谈自己的理解。

三、写一写

知识好比宝石,求知如同采金。在一个人成长的过程中,求知的体验常伴你左右:悬梁刺股、囊萤映雪是一种求知,李白、徐霞客漫游名山大川是一种求知,陈景润攻克哥德巴赫猜想是一种求知,学生学做家务事是一种求知,甚至五岁的小孩趴在地上观察蚂蚁搬食也是一种求知……

请以"求知"为话题,写一篇不少于 600 字的文章,题目自拟,文体不限。

Chapter SIX

第六单元

科学探秘

　　为什么有的人喜欢用右手写字而有的人则习惯用左手？长河落日到底是圆的还是扁的？……人们知道和不知道的奥秘万万千千。科学简单又不简单。

　　多彩的大千世界，呈现给我们的不只是色彩的斑斓，形态的各异，有时我们在感慨它神奇的同时，也会感觉到它的诡谲。但无论怎样，在漫长的历史进程中，人类从来就没有停止过探索它的脚步。

　　在科学精神的鼓舞下，人类探索世界的脚步会更加坚实有力。因为那些耳熟能详，让人们肃然起敬的名字会经常在我们的脑中浮现：哥白尼、伽利略、牛顿、爱迪生、华罗庚、杨振宁……他们会激励更多的人投身到科学探索中。

　　人类对于未知世界的探索是永无止境的。本单元的文章只是浩瀚科学大海中的一叶轻舟，希望同学们在了解和领略这些科学知识的同时，坚定孜孜以求的探索精神，用自己的学识和智慧探索更多未知的现象。

科学是美丽的 | 沈致远

◎ 小试牛刀

有人把下面 10 位科学家列为"世界十大著名科学家",请写出他们的主要科学贡献。

第一名阿基米德,贡献:

第二名哥白尼,贡献:

第三名伽利略,贡献:

第四名笛卡尔,贡献:

第五名牛顿,贡献:

第六名卡文迪许,贡献:

第七名法拉第,贡献:

第八名达尔文,贡献:

第九名特斯拉,贡献:

第十名爱因斯坦,贡献:

◎ 开心一刻

恰到好处才是美

什么是美呢? 仁者见仁,智者见智。

物理学家李政道,从对称和破缺的观点来探讨美。一幅很美的山水画,李政道把它从当中剖开,把右面的部分拿掉,用左面的镜像来代替,就变成了一幅新的山水画。新画的特点是,一半是从左面得来的,然后把左面的一半镜像对称了以后,两个拼起来的,但显然还是原来的那幅画美,因为新画左右对称了以后,看起来就比较呆板了。

　　再比如,达·芬奇是文艺复兴时期的一位大师,科学艺术都懂,我们都知道他的名作《蒙娜丽莎的微笑》。我们能看到,蒙娜丽莎的脸并不是正面的,是朝她的右面稍微偏一点的。大家可以想象,如果达·芬奇把她画成正面的标准像那样,大概就没有这么好看了,恐怕这幅画也就不会流传下来了。

　　最后关于美的结论就是,完全的对称和完全的不对称都不美,美是在对称与破缺恰当地搭配下浑然天成。

　　"美是在对称与破缺恰当地搭配下浑然天成。"生活中这样的美丽现象很多,试举例说明。

◎ 选文

　　在常人心目中,科学是深奥的、艰难的、枯燥的;提到科学家,眼前就浮现出爱因斯坦的形象——白发怒张、皱纹满面。科学怎么会是美丽的呢? 不可思议!

　　事实是:科学不仅是美丽的,而且是旷世奇美,美不胜收。常人为什么没有感受到呢? 责任在科学家,他们浸沉于科学美中其乐融融,忘记了与大众分享。但也有例外,李政道近年来频频撰文著书,极力提倡科学美。他还请了著名画家李可染、吴作人、吴冠中等作画描绘物理学的内禀美。这些作品最近结集成书,名为《科学与艺术》,引起了科学界和艺术界的注目。

　　旧金山大学的天文物理学家琳达·威廉姆斯(Lynda Williams)。她从小爱好歌舞,进入大学攻读天文物理学,为宇宙的奇瑰美景所倾倒,决定利用业余时间传播科学美。威廉姆斯对《纽约时报》记者德莱弗斯(C. Dreifus)说:"天文物理是最美丽的。还有什么比宇宙的诞生更美丽? 还有什么比黑洞、多重宇宙和交响共鸣着的宇宙流更美丽?"威廉姆斯说得好! 让我们继续下去:还有什么比原子中"云深不知处"的电子云更具朦胧美? 还有什么比生命之源叶绿素中的"绿色秘密"更具神秘美? 还有什么比生命之梯回旋曲折的 DNA 双螺旋更具活力美? 还有什么比"纳米"世界中用原子物砌成的纤巧结构更具精致美? ……

　　威廉姆斯为科学美所启迪,开始写科学诗。《纽约时报》于 2000 年 6 月 4 日刊登了她的一组诗,我将其中两首译成中文发表在《诗刊》2000 年 11 月号,下面是一首《碳是女孩之最爱》:

　　碳是女孩之最爱/黄金确实很宝贵/但不会燃起你心中之火/也不会使火车长啸飞驰/碳是地球上一切生命之源/它来自太空的陨石/构成一切有机物质/在大气

层中循环往复／钻石煤炭石油总有一天用完／能构成一切的将是碳纳米管／碳是女孩之最爱

"钻石是女孩之最爱"是美国流行的谚语，威廉姆斯扩其意而用之，从碳元素的一种特殊结晶形态——钻石，推广到碳的各种形态。女孩爱钻石，无非是爱钻石首饰之光华夺目价值连城，用以炫耀自己雍容华贵的外表美。威廉姆斯以诗意的语言，赞美碳的实用价值及其对生命循环的重要性，表现的是内涵美。较之原谚语这是艺术的升华，意境大为提高。

不仅物理学是美丽的，数学也是非常美丽的。早在古希腊和罗马时代，艺术家就发现了人体的曲线美。现代派的雕塑家和画家以他们的作品表现了几何形体的视觉美。在毕加索晚期作品中频频出现的怪异人像——两个鼻子三只眼睛等等，据说其灵感来自数学中超越现实三维空间的抽象高维空间。数学家以叠代方程在复数平面上产生的"分形"图案之奇幻迷离、千变万化，使艺术家也叹为观止。

科学追求真理，揭示宇宙万物的真象及其变化规律。真正的科学家都懂得：真理是简单的，而且越是深层次的适用范围越是普遍的真理就越简单。简单、深刻、普遍三位一体，这就是科学美之源泉。科学家在追求真理的过程中，锲而不舍，孜孜以求。常人往往认为是苦，其实他们虽然辛苦却乐在其中。科学家顿悟和突破后的快感乃先睹为快——享受前人从未见过的瑰丽美景。

科学是美丽的！你同意吗？

（选自《花落了还会开吗》，花山文艺出版社 2004 年版，有删改）

◎ **学习活动**

一、议一议

"科学是美丽的"，请理解它在本文中的多层含义。

二、写一写

理解第三段中下列语句，调动你的知识积累，在它后面仿写一句话，要求内容恰当，句式一致。

还有什么比原子中"云深不知处"的电子云更具朦胧美？还有什么比生命之梯

回旋曲折的 DNA 双螺旋更具活力美？还有什么比"纳米"世界中用原子砌成的纤巧结构更具精致美？

三、说一说

为了更好地传播科学知识，让大家感受科学之美，除了文中提到的绘画、写诗等途径外，你还有什么好的创意？请用简洁的语言陈述你的创意。

四、找一找

著名艺术家罗丹说过，世界上不缺少美，只是缺少发现美的眼睛。其实科学之美比比皆是，如树叶的诗意美、抛物线的弧线美、海市蜃楼的梦幻美等等，你在生活中还找到了哪些科学之美？

五、读一读

课下查找阅读沈致远的演讲《科学与人文》。

人左右手的奥秘 | 江 河

◎ 小试牛刀

关于"手"的成语

形容懒散——（　　　　　）　　　　形容聪颖——（　　　　　）

形容高兴——（　　　　　）　　　　形容凶狠——（　　　　　）

形容顺利——（　　　　　）　　　　形容卑鄙——（　　　　　）

形容冷漠——（　　　　　）　　　　形容利索——（　　　　　）

形容医术高明——（　　　　　）　　形容读书勤奋——（　　　　　）

形容没有办法——（　　　　　）　　形容感情亲密——（　　　　　）

形容动作利索——（　　　　　）　　形容十分专横——（　　　　　）

形容惊慌失措——（　　　　　）　　形容毫不费力——（　　　　　）

◎ 开心一刻

烂掉盘子

　　从前有个地方官，上任伊始，向天神发誓道："如若我左手要钱，就烂掉左手；右手要钱，就烂掉右手。"不久，有人拿许多银子向他行贿，他很想接受，又怕冲犯了誓言。横思竖想，想出一个办法：叫人拿出一只空盘子，让行贿者将银子摆在里边，然后捧入。那官吏自我狡辩道："我当时赌咒发誓不收钱，今天收的却是银，我老爷又不曾动手，要烂也只烂掉盘子，与我无关。"

　　狡辩，辩论的一种，通常是把无理的事说得似乎很有理，或用虚假掩埋真相把无理的事情说得很有道理。你能给大家举一个狡辩的例子吗？

◎ 选 文

　　在动物身上，虽然没有什么明确的手脚分工，但据观察，它们使用左前肢和右前肢的概率基本上是相等的，无论是低等动物还是灵长类动物均无例外。而作为万物之灵的人类，虽有着灵巧的双手，左手与右手的使用概率却极不相同，大多数人习惯于使用右手，而习惯使用左手的人仅占世界人口的 6%—12%，为何比例如此悬殊呢？

　　有人试图从左右脑的不同功能，即做与想的密切关系，以及心脏的位置等角度来解释大多数人为什么都习惯用右手这一问题，然而，并未获得圆满的答案。

　　最近，瑞士科学家依尔文博士提出了一个新的假说。他认为在远古时代，人类祖先中习惯使用左手和习惯使用右手的人数基本均等，只是由于还不认识周围的植物，而误食其中有毒的部分，习惯使用左手的人对植物毒素的耐受力弱，最终因植物毒素对中枢神经系统的严重影响而导致难以继续生存，习惯使用右手的人以其顽强的耐受力而最终在自然界中获得了生存能力，并代代相传，使得习惯使用右手的人成为当今世界上的绝大多数。

　　美国科学家彼得·欧文也通过实验证实了依尔文的假说。他挑选了 88 名实验对象，其中 12 名是左撇子。他对这些实验对象用了神经镇静药物后，通过脑照相及脑电图发现：左撇子大脑的反应变化与右撇子有极大的不同，几乎所有的左撇子都表现出极强烈的大脑反应，有的甚至看上去像正在发作癫痫病的患者，有的还出现了神经迟滞和学习功能紊乱的症状。

　　如果同意依尔文的假说，那么，左撇子少，就成了人类历史初期自然淘汰的结果，左撇子实际上是人类中的弱者。

　　的确，在一个多世纪前，人们普遍认为左撇子是一种不正常的生理现象，甚至把它看成是一种疾病，以为这是由于产妇遇到难产时，婴儿的左侧大脑受到了损害，使控制右手以及文字和语言功能都产生障碍，婴儿在以后的生长过程中经常地用左手。

　　然而，事实却与依尔文的假说推论出的结论有很大的出入。我们生活中的左撇子大多是一些聪颖智慧、才思敏捷的人，特别是在一些需要想象力和空间距离感的职业中，左撇子往往都是优秀的人才。据调查，美国一所建筑学院 29% 的教授都是左撇子，而且准备应考博士或硕士学位的优秀学生中，左撇子占 23%。不仅如此，世界上最佳网球手的前四名中有三名是左撇子，而乒乓球队、羽毛球队、击剑队中的左撇子选手也相当多。现代解剖学给了我们如下的解释：人的大脑左右半球各有分工。大脑左半球主要负责推理、逻辑和语言；而大脑右半球则注重几何形状的感觉，负责感情、想象力和空间距离，具有直接对视觉信号进行判断的功能。因此，从"看东西"的大脑到进行动作，右撇子走的是"大脑右半球—大脑左半球—右手"的神经反应路线。而左撇子走的是"大脑右半球—左手"的路线，左撇子比右撇子在动作敏捷性方面占有优势。据此观点，左撇子也是生活中的强者。

那么，以上两种截然相反的观点，究竟谁是谁非？左右手真正的奥秘何在？这需要进一步探索、比较和分析，才能得到圆满的答案。

（选自《读者》2005 年第 1 期）

◎ 学习活动

一、想一想

文章说明人们在探索人左右手的奥秘时，持有不同观点和依据，请你概括出来。

二、写一写

本文运用了多种说明方法，请列举其中的两种，并结合实例分析它们的作用。

三、说一说

在你的同学、朋友、亲戚中，有没有左撇子的人？如果有，请简述他在思维、语言、动作等方面与习惯使用右手的人有什么不同。

四、试一试

习惯使用右手的同学尝试用左手写字，左撇子的同学尝试用右手写字，并说出自己的感受。

长河落日扁 | 李海沧

◎ 小试牛刀

下面是一组关于太阳的谜语,试一试你能猜对几个。

1. 十个太阳。(打一字)

2. 傍晚的太阳。(打一字)

3. 十个太阳,十个月亮,每天早晨照着东方。(打一字)

4. 太阳落在水中。(猜一城市)

5. 三个人坐在太阳上。(打一字)

6. 四个人坐在太阳上。(打一字)

7. 两个太阳一张嘴。(打一字)

8. 太阳过生日。(打一字)

9. 太阳挂在树顶上。(打一字)

◎ 开心一刻

善于创新性思考的爱迪生

"要学会创新性思考,找出解决问题的最佳方法。"著名科学家爱迪生常对助手说。

一天,爱迪生在实验室里工作时,他递给助手一个没上灯口的空玻璃灯泡,说:"你量量灯泡的容量。"然后又低头工作了。

过了好半天,他问:"容量多少?"他没听见回答,就转头看见助手拿着软尺在测量灯泡的周长、斜度,并拿了测得的数字伏在桌上计算。爱迪生走过去,拿起那个空灯泡,向里面注满了水,然后交给助手,说:"把里面的水倒在量杯里,马上告诉我它的容量。"

助手立刻读出了数字。

爱迪生说:"这是多么容易的测量方法啊,既准确又简单,你怎么想不到呢?"助手的脸红了。

"要学会创新性思考,找出解决问题的最佳方法。"这句话说得多好呀！请大家思考:把 10 个硬币摆成"十字"形状,要求横线和竖线上各有 6 个硬币,怎么摆?

◎ **选文**

我很喜欢唐代诗人王维写的《使至塞上》这首诗,其中"大漠孤烟直,长河落日圆"这两句,读来自然、贴切,全无笔墨雕凿痕迹。但是,从来也没有从科学的角度加以推敲过。

前几年,偶然东临大海,隔着面纱似的薄雾观看跃然而出的红日。咦！刚升起的太阳竟是略有一点扁的。这使我想起了王维的诗,既然初升的太阳是扁的,落日怕也不会是圆的吧！碰巧,在一本书里找到了答案:落日是扁的,据观察是椭圆形的,短轴约比长轴短1/5。后来,眼见又得到证实。

落日为什么是扁的呢? 这是光的折射现象在捣鬼。

不少人都有这样的经验:把筷子插入一只盛水的杯子里,看起来筷子是折成两段的,这就是光的折射现象。光在密度大的物质中跑得慢,在密度小的物质中跑得快。水的密度比空气大,于是,光在水和空气的界面上速度突然改变,造成光线曲折。

那么在空气中光线会不会曲折呢? 也会。原来空气的密度也不是均匀的。由于地心引力的关系,地球表面大气密度大,越往高处空气越稀薄,密度越小。这种密度差别并不大,通常觉察不到光线由此产生的曲折。但是,太阳落山时,阳光斜着通过大气,距离很远,产生的折射已经可以使人明显地感觉到。这种折射越贴近地面越强。落日的上端和下端光线曲折得不一样,看起来就成扁的了。

在沙漠上或海面上,因为温度变化造成局部空气密度变化,也会使光线曲折。这样,人们有时就能看到平常看不到的远处景色,这就是所谓的海市蜃楼。夏日炎炎之时,海水温度低于空气温度,贴近海面的空气密度大。因此,处于地平线下的景物发出的光线成拱形传播,向下折到我们的眼中,看起来景物悬在空中,像是仙山琼阁。我国渤海中的蓬莱仙境就是这样形成的。沙漠里的情况则相反,沙石吸热,温度比空气高,甚至放进一枚鸡蛋也能煮熟。这样,沙石附近空气密度特别低,使远处树木发出的光线弯曲,自下而上折入我们眼睛,并且形成倒影。这使在荒漠上备受干渴之苦的驼队觉得临近大湖,遇到绿洲了。然而终于是可望而不可即的幻影。千百年来的这些海市蜃楼,曾引起人们多少美妙的想象!

光的折射现象给人们带来的好处倒是实实在在的。三四百年来,利用这种现象设计制造的显微镜、望远镜等光学仪器,使人们看到了秋毫之微末、天体之宏大,大大地扩展了我们的眼界,为发展人类文明做出了很大的贡献。

看来,天天见到的落日之中还有一些科学道理呢! 当然,我们不想以此来奚落王维;改他的佳作也大可不必,诗终究是诗。我们只想用此说明:司空见惯似乎是理所当然的,但常常不一定符合科学道理。

(选自《上海科技报》1980 年 1 月 11 日)

◎ 学习活动

一、想一想

常用的说明文的写作顺序有哪些? 本文采用了什么说明顺序?

二、说一说

1. 文章开头两段有何作用?

2. 作者为什么认为落日是扁的? 为此,本文举了哪些例子?

三、品一品

品读下面加点词语,说说它们的作用。

1. 落日为什么是扁的呢? 这是光的折射现象在捣鬼。

2. 司空见惯、似乎是理所当然的,但常常不一定符合科学道理。

四、议一议

作者是如何发现"长河落日扁"的? 从这个发现中,我们可以得到什么启示?

人体内的海洋 ｜ 沈掌荣

◎ 小试牛刀

下面是跟水有关的古诗句,请写出下句。

1. 君不见黄河之水天上来,(　　　　　　　　　　)。(李白《将进酒》)

2. 竹外桃花三两枝,(　　　　　　　　)。(苏轼《题惠崇春江晚景》)

3. 水皆缥碧,(　　　　　　　　)。游鱼细石,(　　　　　　　　　　)。
(吴均《与朱元思书》)

4. 千山鸟飞绝,(　　　　　　　　)。(　　　　　　　　　　),
(　　　　　　　　)。(柳宗元《江雪》)

5. 白日依山尽,(　　　　　　　　)。(王之涣《登鹳雀楼》)

6. 青山遮不住,(　　　　　　　　)。(辛弃疾《菩萨蛮·书江西造口壁》)

7. 蒹葭苍苍,白露为霜。所谓伊人,(　　　　　　　　　　)。(《诗经·蒹葭》)

8. 水何澹澹,(　　　　　　　　)。(曹操《观沧海》)

9. (　　　　　　　　),柳暗花明又一村。(陆游《游山西村》)

10. 日出江花红胜火,(　　　　　　　　)。(白居易《忆江南》)

◎ 开心一刻

乾隆皇帝和趵突泉

清代,生平嗜茶的乾隆皇帝,一人就封了两个"天下第一泉",这就是北京的玉泉和济南的趵突泉。乾隆皇帝为品茗择水,用特制的银斗称重,结果表明:同样一银斗水,玉泉水的重量轻。于是,乾隆就定北京玉泉水为最好的品茗用水,称玉泉为"天下第一泉"。相传乾隆皇帝下江南，出京时带的是北京玉泉水，到济南品尝了趵突泉水后，便立即改带趵突泉水，并封趵突泉为"天下第一泉"。济南历来多泉，素有"泉城"之称，趵突泉是其中的一处名泉。趵突泉水质清净、甘洌，煮水品茶，香正味醇。

大家都知道济南是全国有名的"泉城"，泉水汩汩，清澈美丽，为整座城市增添了迷人的水韵。很多城市都与水有不解之缘，你能说出世界上著名的八大水城吗？

◎ 选文

单从体重来看，人体大部分是水造的。水占人体重量的 60% 至 70%。即使看来似乎很结实的骨头，也大约有 20% 是水，而血浆所含的水分，则占 95%。

人体中的这个盐水海，就是 5 亿年前第一个有机体从孕育生命的温暖海洋中摸索爬出，走上陆地时所带来的水中环境。

这个海的水，流经所有血管和人体内不论多么细微的管道，冲击着每个细胞壁，注满了每个细胞。人体任何部分如果缺了它，便不能生存。

如果说它使我们不致被身体内的火烧光，也不算夸张。人体内到处无时不在进行的化学活动，加上我们从事体力工作或运动时肌肉活动所产生的热，便足以把我们烧掉。但是浸润细胞和渗透细胞组织的水，却能把多余的热随产随即吸除。

我们体内的海同时又是个减震器。一种液体包围着我们的脑，保护它使之免受震荡。同样，我们的骨骼、关节、器官和神经，也有液体护卫，使我们在固体的世界中移动时，身体不致因必须承受无数震荡而受到伤害。如果没有水，那么我们脚跟落地时的撞击，或是使用铁锤时手上所受的震动，都可能是近乎无法忍受的。即使是轻微的意外，也可能造成严重的伤害而非仅仅瘀伤。

水是最佳溶剂之一，它在人体内携带着许多溶解或悬浮的宝贵化学物质。例如，它有保持溶解状态的钠和钾的能力，这对传达送电脉冲使肌肉和神经活跃是不可缺少的。

人体的水分供应亦如食物供应一样，是需要经常补充的。通常，我们每日饮水约 1.5 升——包括清水或其他饮料中所含的水。另 1 升则从食物中得来，因为大多数食物（甚至肉类）虽然看来很干，但亦像我们本身一样充满水分。人体每日排出的水分总量，大约有 1 升的尿和 1 升是为了保持身体凉快而由肺和皮肤蒸发掉的水。

可是仅仅简略地说明吸入和排出的水量相等,均为 2.5 升,并不足以说明人体用水的情形,实际情况极为复杂。因为人体内的水,犹如液体货币,不断地在各器官和系统间流通交换。例如,在一天之内,就有多达 200 升的水从血中滤出,再由肾脏将其送回血中。

人体内每日产生大约 11 升的水。来源有好几个,其中唾液腺供给 1.5 升,以润湿口腔,发动消化程序。胃产生 1.5 升的消化液。胰、肝和肠则产生大约 5 升。所有这些液体在流经小肠时,如未被重新吸收,则在最后达大肠时用于制造半固体的粪便,或透过肠壁而回到人体。

以前,我们对人体内是否有某些水分永远固定存在,无法确定。后来,利用重水(一种由同位素组成的水,分子量较普通水重,但性质相同)示踪剂的方法,才找到了答案。这种示踪剂在 10 日至 15 日内,有 50% 消失,几星期后,全部消失。因此可以肯定,我们体内的水亦如同自然界的溪流和潮汐一样,流入、流过而又流出。

我们怎能知道自己什么时候需要水? 又怎能知道需要多少水? 通常我们把喉干感觉视作渴的信号。其实这个信号是从血液中发出的。例如,我们在烈日下运动,流了 1 升的汗,水分的丧失使血液变浓。当血液过浓而不适合当时的体温和身体状态时,有一种化学信号便会流经脑的通告点,再由脑向口和喉发出讯息。这时,口和喉的神经组织便会使我们觉到口渴。于是我们喝水。渴解了,水的平衡也恢复了。

我们吃咸的食物也会口渴。不过这种现象并非由于我们身体丧失了水,而是由于我们吃多了盐。因为人体不但保持其水分的平衡,而且还使其水分中的盐分含量经常保持在 0.9%(我们相信,最早孕育生命环境的古代海洋,其所含的盐分也许就是这个比率)。既然人体中的盐和水要维持一定的比率,多吃了盐便必须多喝水。而在我们因出汗或其他原因丧失水分时,失去的就是带有盐分的水。因此我们既须补充盐,又须补充水。

人体中储存的水远少于食物。一个人如不喝水,静躺在凉快的房间里,最多只能生存 12 日。若有水喝,便能挨饿两个多月。第二次世界大战时,为沙漠迷途的军人或坠入海中的飞行员而准备的求生手册,就非常注重保存人体内水分的办法,因为脱水是他们所面临的最严重危险之一。手册提示海上漂流者要尽量避免用力和日晒,应将水淋在皮肤上,以供给散热所需的潮湿,免得耗用体内的水。又忠告迷失方向的沙漠作战部队应日间静躺,待夜晚凉快时再走路。

我们常说血是最重要的液体。可是,那流动、润滑、温暖、消热的水,那溶解着各种重要物质，又携带着滋养我们的各种分子的水，才是生命所赖的真正液体。

（选自《人体秘事》，人民卫生出版社 1989 年版）

◎ **学习活动**

一、找一找

本文用了哪些说明方法？各有什么作用？

二、说一说

举例说明本文语言的准确性。

三、想一想

人口渴了，哪种饮品最解渴？饮料、白开水还是淡盐水？并简述理由。

四、读一读

快速阅读下文，回答后面的问题。

人体的最大器官——皮肤

作为人体的最大器官，皮肤功能强大。可是其重要性却远没有被人们充分意识到，我们通常只是把它当作包裹在肌肉外部的一层皮，其实这是低估了它。人类自己从未造出过比它更好的保护罩、传感器和通报器。

皮肤是一个很好的保护罩。它的最外层——表皮非带薄，能抗污和防水。编织紧密的表皮细胞形成了坚固的屏障；能保留水分，而把不必要的水挡在外面。死去的和脱落的细胞在表面紧凑地排列好，使皮肤更坚韧，就像一层透明的装甲衣。皮肤的智能连军队都羡慕不已，一旦需要的话，由干细胞组成的表皮就会加固皮肤。生产色素的黑素细胞能够抵御皮肤的头号敌人——阳光，这东西对皮肤的中间一层——真皮的伤害特别大。

真皮含有大量的胶原质，它能紧致肌肤，随着胶原质被不断降解，就会产生皱纹和皮肤松弛。真皮下面就是皮下脂肪，它能软化皮肤质地。分布在皮肤中的还有血管、毛囊、汗腺和产油腺。大量的神经忙碌地穿梭其中，把大脑的信息传递给其他器官。接收良好的感觉神经末梢，则睁大眼睛仔细观察并细心处理遇到的情况：我们爱抚玫瑰的柔软花瓣，却因为害怕被它的刺扎而退缩。

皮肤是在思想、身体和外界之间强有力的分界面。神经——免疫——皮肤——内分泌的网络把皮肤当作一个独立自主、难以驯服的智者。它会告诉我们很多它主人的情况。想想看，如果一不小心泄露了心里的秘密，你就会脸红；有什么东西出毛病时，皮肤会起鸡皮疙瘩发出警告；收缩的皮肤透露出你的害怕。它作为内分泌器官也有充实的生活，为身体的其他部分制造像维生素 D 这样的激素，以及自己用的类固醇和甲状腺激素等，虽然不大清楚为什么，但是很多大脑里发现的神经传递素也是由皮肤制造的。

另外，皮肤还是免疫系统重要的前哨。它有专门的白细胞，能够吃掉入侵的微生物，并引发全身的免疫反应。因为皮肤在这方面功效卓著，所以研究人员要挑战古老的试验，把牛痘疫苗直接注射进缺乏这种免疫力的肌肉里，与传统方式相比，这样可以减少接种牛痘疫苗的痛苦，效果好像还不错。

1. 本文主要写了哪四层意思？是按什么说明顺序写的？
2. 请从文中任举两例，说说本文是怎样体现说明文语言的准确性和生动性的。

化妆品的杀人史　　[美]杰弗里·雷根

◎ 小试牛刀

在现代社会,化妆品广告语铺天盖地,例如:

1. 飘柔就是这样自信——某洗发水广告语

2. 趁早下"斑",请勿"豆"留。——某化妆品广告语

3. 衣带渐宽终不悔,常忆宁红减肥茶。——某减肥茶广告语

4. 一双开裂的手最不适宜出现在社交场合——某护肤霜广告语

5. 你希望你在五十岁时依然年轻吗？——某化妆品广告语

你还知道哪些脍炙人口的广告词？写出来与大家共享。

◎ 开心一刻

段　子

"段子"本是相声中的一个艺术术语,指的是相声作品中一节或一段艺术内容。随着人们对"段子"一词的频繁使用,其内涵也悄悄地发生了变化,人们往往主观地对其融入了一些独特的内容。比如:

在现代社会做个女人真好。漂亮的叫美女,不漂亮的叫有气质;瘦了叫苗条,胖了叫丰满;高的叫亭亭玉立,矮的叫小巧玲珑;脾气好的叫温柔,脾气不好的叫泼辣;活泼的叫顾盼生辉,矜持的叫稳重大方;年轻叫清纯动人,年老叫成熟动人;穿的整齐叫庄重华美,穿的随意叫潇洒自如;化妆叫妩媚动人,不化妆叫清水芙蓉。

你还知道哪些幽默健康的段子？

　　中世纪晚期，镜子的流行有力地推动了面部化妆品的生产和利用。这些镜子是妇女们第一次近距离地看到脸上可怕的太阳斑和雀斑，为了掩盖这些缺陷，妇女们开始在脸上涂脂抹粉。而起初的化妆方法或许奇特，比如用驴奶洗澡，用野猪脑子、鳄鱼腺及狼血制成化妆液涂脸等等，但成分无害。

　　直到 16 世纪，意大利——尤其是威尼斯——引领了化妆品潮流。威尼斯白粉被认为是世界上最好的，直到 19 世纪都占有统治地位。其实用白粉是最时尚的，但也是最愚蠢的行为。威尼斯白粉是由白铅制成的，当铅通过毛孔被皮肤吸收时，对人体是极其有害的。但这并没有吓倒那些追求时髦的人。威尼斯妇女为了学习或实验新的化妆品甚至组织了一个协会，法国皇后、亨利二世的妻子凯瑟琳娜·德·梅迪奇也是名誉会员。这些爱美者极力抵制教会认为她们虚荣的谴责以及医生的警告。她们经常把白铅粉厚厚地涂在脸、脖子及胸部，并常常在原来的那层上再涂上一层。尽管受到男人们的批评，但收效甚微。16 世纪的一位僧侣抱怨说：妇女们化妆就像在墙上涂炭和石膏，她们没有认识到"化妆腐蚀了皮肤，加速衰老，损坏了牙齿，一年到头就像戴着假面具"。

　　在伊丽莎白时代的英国，女王在脸上涂上一层厚厚的白铅粉，为宫廷所有女士树立了榜样。伊丽莎白女王越老，涂的粉越厚，就像穿透的雕像经过暴风雨腐蚀一样，她脸上的白粉也开始脱落。法国大使曾评论说，用白铅粉化妆损坏了她的牙齿，并让人感到可怕。另外，伊丽莎白用赭石与硫化汞做胭脂，她的一些侍女甚至吞食烟灰、煤炭和牛油混合物。那些怕化妆品有毒的"胆小鬼"，则试图用自己的尿洗脸。

　　17、18 世纪，天花带来的灾难继续使时髦的女士甘愿冒生命危险，在皮肤上涂抹铅粉。英国小说家霍勒斯·沃尔波描述了铅粉对一位女士的影响。1740 年他写道："她的半边脸剧烈肿胀，留有梅毒瘤的痕迹，部分被石膏掩盖，部分涂抹着白粉。为图便宜，她买的白粉质量非常低劣，用来冲洗烟囱都不合格。"沃尔波的尖刻评论，指的是被汞腐蚀的皮肤。

　　18 世纪末，在脸上抹粉更加流行，人们甚至连最明显、最危险的证据都视而不见。1767 年，英国著名女演员、妓女姬蒂·菲舍尔死于铅中毒，就是因为她使用白粉。另一个著名的死亡事件是英国考文垂伯爵的妻子玛丽娅·冈宁。玛丽娅·冈宁曾以美貌著称，17 世纪 50 年代，她开始在脸上涂抹铅粉。17 世纪 60 年代，她的健康状况开始恶化。她清醒时,照着镜子,看着苍白的脸上出现污点,皮肤变得干涩,以至于她最终把自己的房间布置得非常黑暗,这样便无人能看到她憔悴的容貌。大家普遍认为,她死于化妆品中毒,是"化妆品受害者"。数以万计的人参加了她的葬礼,但是在熟悉玛丽娅·冈宁的人中,很少有人会认出棺材中那个秃头、无牙、干瘪的老太婆,就是美艳绝伦的她。

（选自《青年博览》2007 年第 24 期）

◎ 学习活动

一、想一想

本文采用的说明顺序是什么?

二、议一议

化妆品有害,但是在当今社会,化妆是对别人的一种尊重,化妆社交成为一种礼仪,应该如何处理这两者的矛盾?

三、讲一讲

你的第一件化妆品是什么? 自己买的还是别人送的? 讲讲它背后的故事吧。

四、写一写

结合网上资料,自制一份无危害化妆品,并简单写一写制作流程。

五、辩一辩

现在不少男士也开始用洗面奶、定型水、润唇膏等化妆品。有人说,男人用化妆品,不男不女;也有人说,爱美之心人皆有之。对这个问题你怎么看?

图书在版编目（CIP）数据

语文. 第三册/鞠桂芹等主编. —济南：山东人民
出版社，2015.7（2020.7 重印）
ISBN 978 – 7 – 209 – 08957 – 9

Ⅰ. ①语… Ⅱ. ①鞠… Ⅲ. ①大学语文课 – 高等职业
教育 – 教材 Ⅳ. ①H19

中国版本图书馆 CIP 数据核字（2015）第 152997 号

语文（第三册）

鞠桂芹　赵建磊　王沐智　于彩芹　主编

主管单位　山东出版传媒股份有限公司
出版发行　山东人民出版社
社　　址　济南市英雄山路 165 号
邮　　编　250002
电　　话　总编室（0531）82098914
　　　　　市场部（0531）82098027
网　　址　http://www.sd-book.com.cn
印　　装　山东华立印务有限公司
经　　销　新华书店

规　　格　16 开（184mm ×260mm）
印　　张　12
字　　数　210 千字
版　　次　2015 年 7 月第 1 版
印　　次　2020 年 7 月第 6 次
ISBN 978 – 7 – 209 – 08957 – 9
定　　价　26.80 元

如有质量问题，请与出版社总编室调换。